inpossible • Linpressed Taiwan • LIN= Legend In New York • Be My VaLINtines • Lincredible • Linception 17 •

The Way To Linsanity • Linmania • Who Is Jeremy Lin? • Linderella • Lin God We Trust • Linfinity • Linpossible

17

林書豪旋風

Lincredible

2012年最振奮人心的熱血故事
第一本林書豪逐夢傳奇寫真全紀錄

時報編輯部 ◦ 策畫
葉基 ‧ 黃及人 ‧ 龔邦華 ◦ 撰文

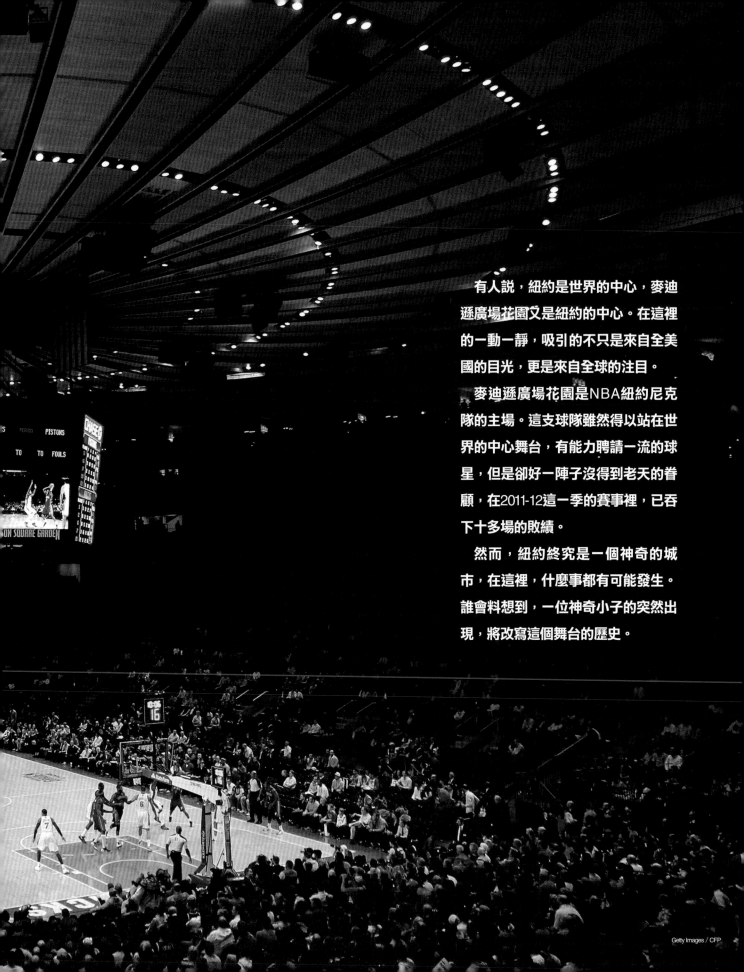

有人說，紐約是世界的中心，麥迪遜廣場花園又是紐約的中心。在這裡的一動一靜，吸引的不只是來自全美國的目光，更是來自全球的注目。

麥迪遜廣場花園是NBA紐約尼克隊的主場。這支球隊雖然得以站在世界的中心舞台，有能力聘請一流的球星，但是卻好一陣子沒得到老天的眷顧，在2011-12這一季的賽事裡，已吞下十多場的敗績。

然而，紐約終究是一個神奇的城市，在這裡，什麼事都有可能發生。誰會料想到，一位神奇小子的突然出現，將改寫這個舞台的歷史。

2011年12月27日，故事或許就是從這一天開始的，紐約尼克隊簽下了才被休士頓火箭隊釋出的一名球員，他叫林書豪（Jeremy Lin），一位台裔美籍的哈佛畢業生。他的身分背景組合，都是NBA裡的異數。

加入尼克隊的林書豪，原本只是個替補球員，但沒想到就在2012年2月4日那天，各種命運交會產生的化學變化，使得奇蹟發生了。

他從板凳球員一躍變身為主力先發控球後衛，並讓全世界為之瘋狂。而這個被球迷稱為「林來瘋」（Linsanity）的傳奇，便從尼克隊的主場如旋風般展開……

nity

n?

an

ew York

Linception
17

從17開始認識林書豪

林書豪的17個關鍵數字
林書豪的17件生活記事

林書豪的17個關鍵數字

1 NBA 第 1 位台裔美籍球員。

2 NBA 第 2 位畢業於哈佛的球員。第一位是畢業於 1953 年的艾德・史密斯（Ed Smith），曾加入塞爾提克隊。

3 林書豪來自於一個 3 兄弟的家庭，排行老二，有哥哥林書雅，和弟弟林書偉。

高興宇攝 / 中國時報資料照片

4 林書豪高中和哈佛校隊的球衣號。

Splash / CFP

5 林書豪從 5 歲起開始接受父親林繼明的籃球啟蒙。

7 林書豪在金州勇士隊（Golden State Warriors）的球衣號，身為虔誠基督徒的他，認為 7 是上帝的數字，他也以此當他的幸運數字。他同時是 NBA 第 7 位亞裔美籍球員。

Getty Images / CFP

12 林書豪在加入紐約尼克隊之後，12 天內締造 7 連勝的佳績，從此成為全世界關注的焦點。

林書豪在紐約尼克隊的球衣號。當他加入尼克隊時，他的幸運數 7 號已被隊友使用，於是他選了 17，他認為 1 代表他，7 代表上帝，17 就表示將自己放在上帝的身邊。

25 2012 年 2 月 4 日，紐約尼克對上新澤西籃網，因主力球員受傷，林書豪替補上場，卻因此得到全場最高的 25 分，在創造了這個佳績後，林書豪開始受到矚目，並得到成為先發球員的機會。

136 林書豪加入紐約尼克隊後，五場先發得分為 136 分，打破了 NBA 與 ABA 36 年以來的最佳紀錄。

191 林書豪的登錄身高為 191 公分。

200 林書豪的登錄體重是 200 磅，約為 91 公斤。

1227 2011 年的 12 月 27 日，紐約尼克隊簽下了林書豪，起初將他定位為替補後衛。而在之後的熱身戰首次出賽，就對上了前東家金州勇士隊。

1483 林書豪在哈佛校隊期間累積了總得分為 1483 分。其他的成績還有 487 籃板、406 助攻、225 個抄截。

1977 這一年，林書豪的爸爸林繼明赴美留學，並於美國定居，可說是林書豪的美國夢傳奇的起點。

1988 林書豪的出生年，他的生日是 1988 年 8 月 23 日，屬於獅子座與處女座的交界日。

CFP

Splash / CFP

2012 林書豪在經過長時間的練習與努力，抱持著對籃球的熱愛，並以不屈不撓的意志、謙卑和煦的態度，終於在 2012 年一躍成為籃壇新星，而他的故事將從 2012 年開始繼續發光發熱……

林書豪的17件生活記事（食衣住行篇）

食

❶ 林書豪的食量很大，很會吃，平常還是以美式食物為主，最喜歡的台灣小吃是豬血糕、蔥油餅、蟹殼黃、蘿蔔糕、菜脯蛋。不過，他曾在受訪時表示，他最愛的食物還是媽媽吳信信做的炒飯。

❷ 為了維持最佳的體能狀態，任何高脂肪、高熱量的食物是他吃東西時的禁忌，吃雞肉時也最好把雞皮剝下來。但據林書豪本人曾在節目中說到，當 NBA 選秀沒有選上時，他連吃了 40 幾隻辣雞翅來出氣。而來台灣時不敢挑戰的小吃是臭豆腐。

衣

❸ 穿著球衣的樣子是林書豪最為人熟悉的樣貌，而他背號 17 的球衣和周邊產品也已成為紐約、甚至是風靡世界的人氣商品。

❹ 私下的林書豪也經常是休閒運動風打扮，和爸媽出門用餐時，也是襯衫配上牛仔褲、球鞋的輕鬆風格。據說他的後車廂會放 5 雙球鞋，依他當天的心情選他想穿的鞋。

行

❺ 林書豪曾在自製的影片中透露：「很多人不知道我第一次駕照沒考過，我當時時速只有 15 英里，因為我以為最高速限就是時速 15 英里。因為開太慢而駕照沒考過，好丟臉。」

❻ 林書豪目前在紐約尼克隊打球，經常得跟著球隊往返美國各大城市，加上他必需回加州或台灣拜訪親人，這些移動都得靠飛機；進入 NBA 之後，他已成為一位十足的空中飛人了。

高興宇攝／中國時報資料照片

14

住 ⑦ 林書豪出生於美國加州的帕羅奧圖市，那裡的好天氣和寬闊的生活環境，讓林書豪常有機會在陽光下或運動場內揮汗練球。

⑧ 加入尼克隊之後，林書豪曾是一位沙發客，常睡在自己哥哥或隊友費爾德斯（Landry Fields）住處的沙發上。

⑨ 據傳林書豪目前已於紐約租屋，租了一間位在曼哈頓商業區 W Hotel 的全家具公寓。一人獨享 109 平方公尺的寬敞環境，且從公寓的窗戶就可以看見自由女神像。

15

Splash / CFP

Splash / CFP

林書豪的17件生活記事 (育樂篇)

16

育 ❿ 林書豪曾就讀帕羅奧圖高中，當時參加籃球校隊的他，是擔任控球後衛的位置。林所屬的球隊於 2006 年獲得加州校際聯盟冠軍。林書豪認為能加入灣區最有才華的一支高中籃球隊是受到神的恩寵，並因為神的眷顧，讓球隊能贏得州冠軍。

⓫ 林書豪將高中時期比賽剪輯成 DVD，作為申請大學時的附件，寄給各長春藤盟校、史丹佛大學以及加大柏克萊分校、加大洛杉磯分校。但林書豪超想進的史丹佛，卻沒有提供他獎學金。不過林書豪事後回想，如果當年進了史丹佛，可能就沒有那麼多可以打球的機會了。林書豪後來決定到保證他能進入校隊繼續打球的哈佛大學就讀，主修經濟學，副修社會學，並以 3.1 學級分畢業。

⓬ 林書豪出身基督教家庭，是一名虔誠的基督徒，林書豪曾表示未來如果不打球了想在家鄉或海外當個牧師，或結合自己所學的社會學與經濟學，及自己擅長的籃球，為需要幫助的社區提供服務。

⓭ 自幼接受美國教育，平時生活交流以英語為主，能使用中文進行簡單的交談，在大學時曾選修中文課程。

樂 ⓮ 林書豪通常會隨身帶著一顆籃球，而他每天都要做的事就是練習籃球。

⓯ 除了籃球之外，林書豪經常隨身帶著 iPad，因為他無時無刻都想打電玩。他在入選上 NBA 的那一天，因為興奮得睡不著覺，就出門一口氣買了三台 iPad，讓他和兄弟們可以一起痛快地玩個過癮。他喜歡玩一款叫做跳舞中心的音樂遊戲來放鬆心情，而 PS3 更等於他的精神食糧。

⓰ 林書豪私底下的個性是謙虛又靦腆的，但也很愛搞笑，網路上可以找到他自拍的影片，能見識到林書豪青春可愛又富幽默感的一面。

⓱ 據傳林書豪的超級粉絲、知名導演史派克‧李（Spike Lee）正在和也是球迷的伍迪‧艾倫（Woody Allen）商談共同執導一部關於林書豪的電影 The Jeremy Lin Story，如果這個計畫成真，將會是兩大導演頭一次共同執導電影。

Jeremy L
Splash / CFP

鄭任南攝 / 中國時報資料照片

18

The way to Linsanity

圖解林書豪的籃球之路

Getty Images / CFP

20

Splash / CFP

林書豪 5 歲時，熱愛籃球的爸爸林繼明就開始帶林氏兄弟們打籃球，據說他們父子經常在這個 YMCA 的球場練球。

Splash / CFP

2005年

就讀於帕羅奧圖高中的他，加入籃球校隊。

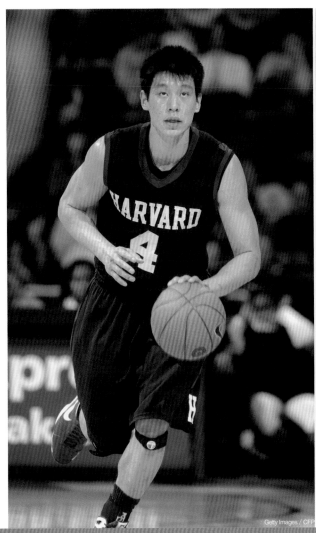

Getty Images / CFP

Getty Images / CFP

2007年

成為哈佛大學生的他，加入了哈佛校
隊赤紅隊（Harvard Crimsons）。大三時，
獲選長春藤盟校及 NCAA 第一層級年
度十大最佳球員。

2010年6月24日

大學畢業的林書豪，參加 NBA 選秀，未獲
得任何球隊青睞。但之後獲得達拉斯小牛隊
（Dallas Mavericks）邀請，參加夏季聯盟比賽，
在當中的表現，受到洛杉磯湖人（Los Angeles
Lakers）、金州勇士等球隊的注意。

Getty Images / CFP

洋光客棧 / CFP

Getty Images / CFP

2010年7月21日

金州勇士隊與林書豪簽下兩年
合約。10月8日，在對洛杉
磯快艇隊的比賽中上場，
這是他的NBA初登場，
得分7分，3個籃
板，2次助攻。

2010年8月起

NBA因勞資爭議而封館，林書
豪曾到中國大陸參與CBA（中
國男子職業籃球聯賽）球賽，
於東莞獵豹隊出賽幾場。

2011年

2011年林書豪在金州勇士
隊待完整個球季，但是上場
機會不多，常被下放到美國
籃球發展聯盟雷諾大角羊隊
（Reno Bighorns）打球。

CFP

2011年12月9日

林書豪被金州勇士隊認為發展機會不大，遭到釋出。林隨即被休士頓火箭隊（Houston Rockets）簽下，但是火箭隊高層考慮隊上已有足夠控衛，便於球季開打前一日（12月24日）將林釋出。

2011年12月27日

紐約尼克隊簽下林書豪。隔年2月4日，因主力球員受傷，林書豪替補上場，卻因此得到全場最高分，並在12天內拿到7連勝，粉絲為他取名「林來瘋」，而 Linsanity 這個字也成了 Jeremy Lin 的代名詞。

Getty Images / CFP

Linmania

一次看懂NBA：
給不懂籃球的粉絲們

● NBA

NBA 是「美國籃球協會」（National Basketball Association）的簡稱，通常指的就是由該協會主導舉行的職業男子籃球賽事。目前 NBA 一共有 30 支球隊，分屬兩個聯盟，6 個賽區，每區各 5 支球隊。NBA 曾歷經兩次因勞資爭議而罷賽封館的風波，最近一次就發生在 2010-2011 球季，這次封館也造成隔年球季的賽程緊縮，每隊只有 66 場賽事。

● NBA 賽制

正式賽季從每年 11 月第 1 個星期二開始，到隔年的 4 月結束。在賽季裡，每隊要進行 82 場的循環賽。4 月後進入季後賽，每個聯盟季賽排名前 8 的隊伍可以取得季後賽門票。季後賽分 4 輪，單淘汰制，最後由兩個聯盟的冠軍，以 7 戰 4 勝制爭奪該年的總冠軍。

每年的 2 月，球季會有一週的暫停，稱為明星週，用來舉行明星賽的各種賽事。包括由全世界球迷網路票選球員的全明星賽，以及由一年級生（第一年加入 NBA）挑戰二年級生的新秀挑戰賽。每年的新秀挑戰賽，由兩隊教練團選出各 9 位一月時表現最好的球員。2012 年的新秀挑戰賽，因為「林來瘋」的緣故，每隊特別再開放一名球員名額。

● D-League

原本為美國國家籃球發展聯盟（National Basketball Development League，簡稱 NBDL）；此後改名為國家籃球協會發展聯盟（NBA Development League，簡稱 D-League）。發展聯盟於 2001-2002 球季開始比賽，類似職棒大聯盟的小聯盟組織，分為東、西兩區，共 16 支隊伍，接納 NBA 的傷兵以及新人，磨練實戰經驗。林書豪在金州勇士隊及紐約尼克隊時，都曾有被派到發展聯盟出賽的經驗。

● 籃球賽事中場上五人位置

控球後衛（Point Guard，簡稱 PG）：負責組織球隊進攻的球員，持球並決定進行攻勢。林書豪在紐約尼克隊便擔任此一角色。

得分後衛（Shooting Guard，簡稱 SG）：通常由場上得分能力最強、球技最全面的球員打這個位置，可以發動遠投或切入的攻勢。籃球大帝麥可‧喬丹（Michael Jordan）就是這個位置的最佳代言人。

中鋒（Center，簡稱 C）：通常以場上最高的球員擔任這

林書豪帶動了一股籃球熱，也讓許多平常不打籃球、不關心NBA賽事的人們開始注意起這個令人著迷的運動，但或許一些新加入的「林」粉絲們偶而會對報導中的各種術語感到困惑。沒關係，本書特別企畫了這個「一次看懂NBA」小單元，讓不懂籃球的粉絲們也能一起林來瘋！

個位置，在籃下禁區中保護或爭搶籃板球，伺機反攻或投（灌）籃得分。前休士頓火箭隊的大陸球星姚明，就是非常著名的中鋒球員。

大前鋒（Power Forward，簡稱 PF）：通常由身材壯碩、而具有一定速度的球員擔任，大前鋒在球隊處於防守時也要保護籃板球，進攻時則負起爭搶籃板與得分的任務。

小前鋒（Small Forward，簡稱 SF）：球隊進攻的箭頭型球員，通常需要具備靈活走位，以及遠、近距離跳投、切入得分的能力。尼克隊的「甜瓜」安東尼（Carmelo Anthony），就是這個位置的知名球星。

● **常見籃球術語**
得分（Point）：即球員在一場比賽中，投籃命中的總分。得分可分為兩分球、三分球，以及遭犯規後進行的罰球（每球一分）。

助攻（Assist）：比賽中協助隊友得分的行為。原本持球的球員，將球傳給站在有利位置的球員，而該名球員隨後得

分，原本持球的球員便記助攻一次。一般來說，控球後衛的助攻次數較多，這也是衡量控衛場上表現的重要數據。

抄截（Steal）：在對方進攻時，於不造成犯規的情況下，從持球球員手上奪過球，阻斷對方攻勢進行，稱為抄截。

籃板（Rebound）：投籃後出手不進，球彈出籃框，便稱為籃板球。籃板球分為進攻籃板與防守籃板。進攻方在出手不進後，搶回球權，可以再發動下一波 24 秒的攻勢，稱為進攻籃板；相反地，若籃板球被防守方球員搶下，即計防守籃板一次。

擋拆戰術（Motion Offense）：即隊友先替進攻球員（通常為後衛）單擋，供其切入的戰術。中鋒或者是大前鋒在過對方半場後，移動到三分線左右的位置，幫忙控球後衛或是小前鋒、得分後衛做擋人的動作。本來跟在後衛後面跑的防守球員，會短暫地被上來擋人的高大球員擋住，攻方藉由隊友掩護，不受防守球員的干擾，而使後衛能切入籃下，或者是跳投。

不管任何年齡、種族、國籍的人，
不論原本是否熱愛籃球運動的人，都
可以一起林來瘋。

26

Who is Jeremy Lin ?

誰是林書豪？

文／葉基

Getty Images / CFP

● 2012年2月10日，
  紐約尼克隊對上洛杉磯湖人隊。

「誰是林書豪？」湖人對尼克之戰當天，洛杉磯媒體引用湖人隊當家後衛小飛俠布萊恩（Kobe Bryant）的話，下了這個標題。

而尼克客場打敗湖人隊之後，紐約媒體回敬洛杉磯了一個標題，「誰是布萊恩？」

在賽後記者會上，一位記者問了布萊恩一個問題，不僅惹毛了這位籃球金童，更幾乎讓他氣到快要起毛球，記者問：「請問你對林書豪有什麼建議？」

「我還能有什麼建議，他都快砍了我們40分（38分）！」

上帝手中的木偶

誰是林書豪？他改變世界只花了 7 天，而上帝創造世界也花了 7 天。從美國時間 2 月 4 日替補上陣打敗籃網隊，到 10 日對湖人之戰攻下生涯最高 38 分，帶領尼克隊打敗小飛俠布萊恩領軍的湖人隊，為尼克隊贏得 4 連勝，這 4 連勝像奇蹟般證明了上帝的存在，也是優質控衛的品質保證書，讓前湖人隊明星控衛魔術強森（Magic Johnson）不得不稱讚林書豪是真材實料，讓美國亞裔和全球華裔人士揚眉吐氣，更讓美國、兩岸球迷為豪小子瘋狂。從 2 月 4 日到 29 日，林書豪帶領尼克隊打出 10 勝 3 敗，其中包括最初的一波 7 連勝，讓林書豪把尼克主場紐約麥迪遜

● 2012年2月27日全美發行的《時代雜誌》，以林書豪為封面人物。

● 林書豪在臺灣的家人，
非常以林書豪的努力與成就為榮。

吳敬菁攝／中國時報資料照片

花園廣場，打成了林家花園。

是的，上帝要毀滅一個人，必先使他瘋狂；上帝要拯救世界，得先讓所有的人都瘋狂。激情過後，「上帝手中的木偶」林書豪將繼續貫徹上帝的旨意，他的唯一使命就是讓上帝的價值觀和人類的價值觀，從兩條平行線，重疊成一條線。

電影《功夫》裡的火雲邪神說過，天下武學無堅不破，唯快不破。以侵略如火速度超快，火速在 NBA 崛起的豪小子在美國時間 23 日對熱火之戰，遇到緊逼盯人和協防速比他還快的熱火防線，尼克吞下敗仗，林書豪攻下 8 分、6 籃板、3 助攻，仿如一隻不敗的鬥雞，被打成了雞毛撢子。尼克隊總教練狄安東尼（Mike D'Antoni）說的好，林書豪不可能每場都扮演小飛俠彼德潘，不過熱火確以快速協防，砸了尼克的招牌擋拆戰術。林書豪最大的優點，在於能從錯誤中學習，並從中不斷的進化和超越自我。這次的挫敗，讓還活在美夢中的林書豪，被高空中一陣激烈的亂流搖醒，不用機長廣播，林書豪和所有林來瘋的支持者都已知道，是該收好餐桌，扶正椅背，繫緊安全帶，因為前方將有更大的亂流。

幸運的沙發

上帝的旨意和行事的方式，非常人所能理解，問題是有人喜歡，有人不喜歡，林書豪沒有這種困擾，他全盤依照上帝的行事曆行事。2 月 4 日對籃網賽前，林書豪睡在尼克先發得分後衛費爾德斯家的沙發上，他望著天花板，壓力之大，套句老外常說的，如果拿一支木炭塞進肛門，拔出來的可能是一支鑽石。這不是林書豪第一次睡沙發，不過我們希望是他最後一次。在成為巨星前，林書豪曾借住在他哥哥林書雅位於紐約東村單臥室小公寓客廳的沙發上。那天，林書雅有朋友從城外來訪，林書豪只好向隊友求援，要求在隊友家借宿一晚。

睡在費爾德斯家沙發上的那晚，林書豪內心情緒的波動想必格外複雜。他和尼克隊的不保證合約過幾天即將到期，如果他在尼克隊不能夠有突出的表現，他可能會被尼克隊釋出，就像之前被勇士隊、火箭隊釋出一樣，連消化比賽垃圾時間的價值都被否定了。當時他的狀況可用「明明盛裝打扮，卻無處可去」的窘境來形容。而事後的證據也顯示，尼克隊當時確實有意將他釋出，如果他繼續保持之前的低水準演出。

高中畢業以來，林書豪一直是達爾文優勝劣敗、物種競爭法則下的例外，反淘汰現象的範例。高中時期的林書豪能改變北加州以外居民對他的偏見，幾乎贏得所有加州的

● 尼克隊的先發得分後衛費爾德斯是林書豪
在隊中最好的朋友。

體育刊物的認同，視他為年度最佳球員的當然人選。不過林書豪並未獲得任何NCAA第一級大學籃球隊提供獎學金。

林書豪在哈佛大學籃球隊打出空前佳績，大學畢業後參加NBA選秀會落選，之後在勇士隊度過暗淡的一季，接著被釋出；去火箭隊，不到一週又被釋出，連上場的機會都沒有。像林書豪這麼優秀的球員，為什麼之前在NBA竟沒有表現的空間，目前依舊是爭論的焦點。對林書豪而言，如果達爾文優勝劣敗的物種競爭法則是錯的，那麼上帝的存在就是對的。

睡在費爾德斯家沙發上的那晚之後的13場比賽，按照林書豪的說法，上帝給了他10勝。其中最重要的是2連勝之後，尼克和林書豪簽下一年76.2萬多美元的合約。賽後他在臉書寫下：「在我們表現高低震盪中，上帝仍善待我們，很高興我們贏了，我得感謝費爾德斯賽前那晚讓我睡他家沙發，我該考慮搬去跟費爾德斯住在一起，每天睡沙發，或是可以的話，把他的沙發買下來。」

有些人相信，林書豪對籃網之戰替補上陣，抱著退無可退破釜沉舟的決心，放空自己跟著感覺走，上場挑戰命運，從而扭轉命運。而這種決心，和大約300年前，他的祖先林敬從福建渡過波濤洶湧的台灣海峽，來到台灣尋找命運落腳處的決心是一脈相傳的。

無懼改變的熱血基因

林書豪的叔公林壽祿說，林家從大陸來台至今9代，累計子孫500餘人，一向安於平凡，其中第8代林繼明和第9代林書豪是最突出的兩代，他們都很會唸書，他們的宗教信仰和之前幾代完全不同，之前各代祖先，包括目前在彰化北斗的親戚們都信奉媽祖或傳統中國道教，從來沒有人信仰基督教，也從來沒有人像他們一樣熱衷於打籃球，看籃球賽。然而，有些人相信改變和運動本身就是一種優勢，亞里斯多德說：「將潛在的可能性變為現實的過程就是一種運動。」而林書豪的祖先在300年前就以實際行動證明，他們並不害怕改變。

福建彰蒲縣和浙江省平湖縣的直線距離不到900公里，從彰蒲縣拉出一條和北回歸線平行的虛擬線，這條線將會經過台灣的彰化縣，這正是林書豪的祖先18世紀初渡海來台的航線。

如果300年前，林書豪的先人沒有從彰蒲縣渡海來台；又如果62年前，林書豪的外祖母沒有從浙江杭州灣北岸的平湖遷居到台灣南部，那麼現在若是讓林書豪從彰蒲開車到平湖去看外婆，應該是朝發夕可至。但問題是他們當初若是都留在家鄉的話，還可能會有林來瘋的誕生嗎？

根據林書豪的叔公林壽祿和堂叔林恆正提供的書面資料

● 祖母朱阿麵曾飛到加州去照顧還是嬰兒的林書豪，
幫他換尿片和餵奶，
還會推著嬰兒車，帶他去公園玩。

顯示，林書豪的祖先於 18 世紀初，從大陸福建彰蒲縣西河堂來台開墾定居，在彰化坤頭媽祖宮旁的路口厝定居。而林書豪的外祖母是虔誠的基督徒，一度嫁給牧師，生下林書豪的母親吳信信，撫養她長大之後就移居美國了。

20 世紀初，傳到了第 7 代的林新懇（1919-1958），即林書豪的祖父，在六兄弟裡排行老三，身高和學歷都是最高。林壽祿說，林新懇天生是讀書的料，腦筋靈光，在日據時代畢業於台灣總督府（現今總統府）台北高等商科，之後在日本外交部工作，被派往爪哇峇里島火腿食品廠擔任馬來語、日語和英語翻譯。

如果透過時光隧道，第 7 代的林新懇老先生，他會怎麼看待這位台語不太靈光，信奉基督教，在美國名校哈佛大學經濟系畢業，在全美引發一場完美風暴，光宗耀祖的第 9 代孫子呢？這當然沒有答案。不過我們可以從林新懇的太太，林書豪 85 歲的祖母朱阿麵身上找到一些線索。

林書豪小時候，朱阿麵曾飛到加州去照顧他，幫他換尿片和餵奶，推著嬰兒車，帶林書豪去公園玩，當林書豪再大一點的時候，她幫孫子把風，讓林書豪在功課沒有做完前，能偷偷地看卡通影片，在媽媽進家門前通知愛孫趕快關電視，做功課。當時林書豪最愛吃祖母炒的菜脯蛋。林書豪一直保持對美食的絕佳胃口，他長大的職業志向之一是成為美食達人。

朱阿麵和大多數的林家人一樣，不太懂籃球，不會打籃球，不過她知道，當林書豪把球投到籃框裡的時候就

是好事，就是大家該微笑鼓掌的時候。這些年，林繼明經常寄林書豪打球的影音來給媽媽朱阿麵看，她一直都沒有看，一直到最近孫子爆紅才想起來拿出來看，之前每當林書豪問她有沒有看，她的回答總是：「看了，當然看了。」

林新懇、朱阿麵有 4 個兒子，1 個女兒，其中兩個兒子台大畢業，女兒師大畢業。由於父親過世得早，林書豪的大伯林繼宗在高職畢業就扛起家計，在一家股票上市的紙業公司上班 40 多年，包括期間曾擔任紙器公會總幹事 15 年，兩度退休之後，不久又被公司叫回去上班。林繼宗在 1988 年，參加世界包裝競賽，為台灣贏得金星獎。

林書豪的父親林繼明在四兄弟裡排行老么，小學還沒有畢業，就和家人從北斗老家搬到台北三重，之後搬到木柵，親戚們對林繼明最深刻的印象是腦筋好，很會唸書。根據

林家親戚的說法，林繼明從台灣大學畢業後，便取得公費，留學美國。根據美國媒體的資料，林繼明是美國普度大學（Purdue University）電腦工程博士，林書豪的媽媽吳信信是電腦科學博士。

吳信信在去年訪台接受《宇宙光雜誌》專訪，描繪出林書豪小時候的性格剪影時提到，林書豪就像大多數的小男生一樣鴨霸，但林書豪屬於善於利用方法，得到他想要的東西的智慧型鴨霸小男生。不到一歲的時候，他想要什麼東西就會一直比，或動手搶，用頭去撞牆壁，或是故意的摔在地上，家人怕他會受傷，只好順著他，讓他予取予求。

在媽媽和小男生的鬥法過程裡，博士媽媽的優勢在於她懂得找專家幫忙，吳信信從醫生那裡知道，小孩子不會故意把自己弄痛，所以當林書豪又再次出招發脾氣撞牆後，

● 2010年，林書豪以首位台裔NBA球員身分，應姚明邀請
　來台參加慈善籃球賽。

吳信信就在兒子身體安全的範圍內，再幫林來瘋用力地撞了一下牆壁，再問他：「怎麼樣，會不會痛？」林書豪瞪著媽媽沒有回答，不過此後，林書豪就再也沒用過這招撞牆必殺技了。

在虔誠的基督教徒家庭長大，林書豪和哥哥、弟弟們很快就了解學校的成績分數，和打籃球的分鐘數是成正比的，這是一種心理學的槓桿原理，就像蹺蹺板，兩端分別是籃球和功課成績，彼此都有舉起對方的力量。林繼明認為從小培養孩子養成運動習慣很重要，且他也相信運動可以讓小朋友身體健康，吃得多、長得高。此外，小朋友為了想要有更多時間運動，他們學習課業就會更認真；運動和課業兼顧，小朋友就沒有時間學壞。如果林繼明小的時候就在這個標準的環境下長大，或許我們今天會看到一個截然不同的林繼明。

爸爸的 NBA 夢

在和籃球邂逅之前，林繼明無疑是一個整天與書為伍，家長和師長眼裡的好學生乖兒子，他去美國留學前沒碰過籃球，籃球也沒有碰過他。在一個偶然的機會裡，基於他無法解釋的理由，他無可救藥地迷上了籃球賽。他夢想到美國只為了兩個原因，攻讀博士，看 NBA 籃球賽。1977 年，

身高 167 公分的林繼明台大畢業，申請到公費留學，遠渡重洋來到美國普度大學攻讀電腦工程。林繼明的第一份工作在洛杉磯，由於長時間工作的勞累和壓力，他認為應該找一種運動來抒發壓力和緊張，他覺得打籃球應該是很棒的選擇，問題是他從來沒有打過籃球。於是他先看高手是怎麼打球的，他買了很多支 NBA 球員錄影帶，包括 J 博士（Julius Erving）、摩斯·馬龍（Moses Malone），和孩子們的最愛喬丹，他用攻讀博士的態度和精神，研究這些球星為什麼會這麼厲害。

林繼明花了幾年的時間，消化他在錄影帶或看比賽中所學到的招式，並實際運用在鬥牛比賽裡。他也暗自在心裡做了一個偉大的決定，這個決定促成一位超重量級球星的誕生，他決定讓自己的小孩從很小的時候就開始學籃球，讓籃球成為孩子們的第二天性，儘管當時他還沒有生小孩。林繼明在訓練中尋獲許多年輕教練早已忘記的金科玉律，基本動作是成功的基礎。當林繼明的長子林書雅 5 歲時，有一天，林繼明開車載著兒子到住家附近的 YMCA，把他在球星錄影帶所學到的籃球葵花寶典傳授給他的大兒子，林書豪 5 歲時也跟著加入，之後是小弟林書偉。兄弟三人每週有 3 次，每次 1 個半小時的籃球訓練課程，通常是在晚上 8 點半做完功課之後，由父親帶隊去 YMCA 練球或鬥

Jeremy Lin

● 中學時的林書豪已有解讀比賽的天賦，
而且他並不恐懼把自己的想法說出來。

牛。在孩子們逐漸長大後，他們總是能準時或提前把功課做好，空出更多時間，尋找更多的場地，更多的籃球賽，最後小孩子也分不清楚，把課業保持在優等是為了打更久的籃球，還是把籃球打好，是為了讓課業保持優等。

林書豪小學一年級、哥哥小學三年級時，林繼明請了專業教練教他們打籃球，林書豪的籃球天賦也因而導向更正確的道路，他在國、高中階段都擔任先發控球後衛，儘管國三時身高只有 160 公分，高三時卻一下子長到 188 公分，大學時長高到 191 公分，體重 91 公斤。

林書豪和哥哥、弟弟不太一樣，他有著和林繼明相等的籃球熱情，對打籃球的強烈欲望和遺傳自祖父的骨架，讓他能一路長高到 191 公分，達到打控球後衛的高度。林書豪對於球場上的動靜有絕佳的理解能力，他的外線命中率也相當穩定，為他日後成功扮演最佳控球後衛的角色打下基礎。在錄影帶和父親的教導下，他對 J 博士和賈霸（Kareem Abdul-Jabbar）的禁區打法越來越有感覺，在比賽時也能適時的發揮出來。

高三那年，林書豪平均攻下 15 分、7 助攻、6 籃板和 5 抄截。帶領帕羅奧圖高中籃球隊打出 32 勝 1 敗的空前佳績，在州錦標賽第二級冠軍戰打敗全美勁旅馬特戴而封王。在冠軍戰賽前，帕羅奧圖高中的球迷，和過去和他們競爭

激烈的對手學校的球迷，聚在一起為林書豪和他的隊友加油。高中校隊總教練戴朋布洛克（Peter Diepenbrock）說，林書豪是絕佳的領導者，當他還是高一球員時，他就開始指導高年級球員，在場上應該站那裡，應該做什麼。林書豪有解讀比賽的天賦，他對於指揮隊友應該做什麼深具信心，且他並不恐懼於說出來。小牛隊的總裁尼爾森（Donnie Nelson）說：「林書豪讓圍繞在他周遭的隊友變得更好，顯露出球員的真價值。我從太陽隊控衛奈許（Steve Nash）身上也看到這種特質，他們往往能將球隊帶上勝利之路。」

史考特從國中二年級起就是林書豪的隊友，他記得有一次學校的比賽結束，他搭林繼明的便車回家，他無意中聽到林繼明對林書豪說，今天晚上還有不少錄影帶得看。史考特發現，林書豪的成長曲線，顯然和他的不太一樣。林書豪喜歡讓自己放鬆，在去年 NBA 休館期間，林書豪經常和史考特一起做重量訓練和練球，之後回到家，他喜歡玩一款叫做跳舞中心的音樂遊戲，林書豪在遊戲中必須做出相對的舞步，他藉此來放鬆自己。

林書豪在球場上保持他一貫的快速風格，不過他在帕羅奧圖高中的生活步調卻相對的慢了許多，林書豪在加州參加第一次駕照路考時，由於車速低於最低速限，考試官只好把林書豪當掉。林書豪跑得很快，不過他的開車技術似

> 林書豪以優秀成績取得哈佛經濟與社會雙學位，
> 但他沒有踏進華爾街，而是走進了籃球場。

乎不怎麼樣。2011 年 11 月 29 日，林書豪在臉書上寫道，「今天倒車出停車場，不小心擦撞到行人，他敲打我的車，弄傷了自己的的手指，lol（大聲笑吧），我的錯。」

而林書豪高中畢業後，沒有申請到 NCAA 一級聯賽大學隊獎學金，絕非他的錯。林書豪在高一時已展現出高三的球技，高二時，林書豪成為該聯盟最佳高二球員，二度獲選年度最佳球員。林書豪帶著優越的校隊成績、個人成績，和優秀的學業成績（GPA4.2）自高中畢業，竟然沒有一所 NCAA 一級聯賽所屬大學願意提供林書豪運動獎學金。長春藤聯盟向來不提供運動員獎學金，其中哈佛大學看中林書豪，給了他成為哈佛大學籃球正式隊員的保證，林書豪決定自費讀哈佛，主修經濟，副修社會學，哈佛大學學費超貴，不過天下父母心，林繼明、吳信信決定為兒子的高額學費買單。

150 隻辣雞翅

2009 年 12 月某個週日下午，哈佛大學籃球隊客場 73 比 79，敗給全美排名 12 的美東籃球勁旅康乃狄克大學，林書豪攻下 30 分，9 籃板。同一時間，林書豪的父親林繼明在西岸加州的家裡盯著電腦螢幕看比賽轉播，他說，當林書豪投出絕美的一球或絕殺的動作，畫面就會不斷的重播，

「我一直看著他們不斷的播出林書豪的畫面。」當時哈佛大學正在創造隊史 25 年來最佳的開季 7 勝 2 敗紀錄。

2008 年球季，林書豪是全美和長春藤同級的聯盟，唯一在得分、籃板、助攻、抄截、封阻（火鍋）、命中率、三分球命中率都打進前十名的球員。入選籃球名人堂，長期擔任康乃狄克大學男籃隊總教練的吉姆·卡洪（Jim Calhoun）說：「我見過不少球隊來康乃狄克大學比賽，林書豪可以打其中任何一支球隊，他在球場上非常冷靜，他知道打球的竅門。」

大四時，林書豪帶領哈佛籃球隊取得他們在 NCAA 史上最多勝場紀錄，林書豪平均每場 18.6 分、5.3 個籃板、4.6 次助攻，被 ESPN 評為全美最佳全能表現的 12 位球員之一，他也是常春藤聯盟史上第一位同時達成得分 1450 分、搶下 450 個籃板、完成 400 次助攻和 200 次抄截的球員。在家人全力支持，和個人夢想的驅策下，林書豪以 3.1 PGA 的優秀成績取得經濟與社會雙學位，但他沒有踏進華爾街，而是走進了 NBA 選秀會。

2010 年 6 月 24 日 NBA 選秀會，30 支 NBA 球隊一致展現了他們對黃色的色盲症，沒有任何一支球隊選林書豪，這種感覺比第一次參加舞會，卻沒有一位女生願意跟你跳舞還要糟一百倍，「我難過得幾乎都快要哭出來了，我決

● 在金州勇士隊時，
球隊為林書豪拍攝的球員宣傳照。

Getty Images / CFP

> ● 只有真才實料的球員，才有辦法在充滿變數的
> NBA殿堂上競爭。

定用吃來排遣心裡的負面情緒。我和家人買了 150 隻辣雞翅。」而他當時一個人狂吃了 40 幾隻。林書豪的伯父林繼宗對媒體透露，林書豪的確哭過。就像你我做過的一樣，找一個沒有人的地方，好好痛哭一場。

上帝在關上一道門的同時，一定會在另外一個地方開一扇窗，上帝的子民林書豪當時心裡可能會這麼想，實際上也正是如此。達拉斯小牛隊籃球事務總裁尼爾森邀請林書豪參加夏季聯盟，林書豪欣然接受。7 月 15 日，他和新科選秀狀元華盛頓巫師沃爾（John Wall）在比賽中針鋒相對，林書豪以優越的表現，讓觀眾分不清到底誰才是新出爐的選秀狀元，這場比賽引起媒體和球探高度關注，那時候，正是棒球經濟學名著《魔球》（Moneyball）正風靡全美，不少 NBA 球團都怕自己犯了錯估球員的錯誤，一週之內，小牛隊、勇士隊、湖人隊都表態願意和林書豪簽約；最後，林書豪選擇了家鄉的勇士隊，並以上帝的數字「7」作為球衣號碼，與勇士簽下兩年合約。

第 1 位台裔美籍球員

林書豪成為 NBA 史上第一位父母親都來自台灣的美國華裔球員，他表示，在成長的過程裡，曾經擁有勇士隊明星球員史普利威爾（Latrell Sprewell）的海報和選秀狀元喬·

史密斯（Joe Smith）的球衣，全家人就像大多數的灣區亞裔球迷一樣支持勇士隊，不過他加盟勇士隊主要的考量，在於在控衛的位置上有發揮空間，而林書豪也特地致電給小尼爾森表達知遇之恩和謝意，顯示他不是那種過河拆橋的人。

那年林書豪意氣風發，曾來台訪問主持籃球訓練營，在台灣掀起林書豪旋風。台灣媒體和球迷也開始對林書豪產生真正的興趣。超過一萬人的臉書朋友邀請湧向豪小子，那種感覺簡直就是漫步在雲端，走起路來，就像踏在棉花絮般的雲朵上，輕飄飄的。那時的林書豪還不能實際地體會到，堪稱全球職業籃壇殿堂的 NBA 充滿變數的競爭環境，週一你是跩公雞，週三可能就變成雞毛撢子，只有真才實料，心理素質和抗壓力強的球員才能存活下來，而在未來林書豪將證明自己的能耐，不過並非當時。

在勇士隊集訓營裡的林書豪被自己打敗，他給自己太大的壓力，反而讓自己放不開，導致信心崩盤。當一位職業球員失去跟著感覺走的本能，開始思考不知道該如何面對家人，向朋友交待，他就喪失了運動員的殺手本能。「這是我人生中最灰暗的一刻，對我來說，籃球再也不再充滿樂趣，我不想再參加任何對抗賽。」林書豪在日記上寫下自己的心情告白，當時他就像一列滿載著化學原料的火車

48

在市區脫軌翻覆。2011 年 1 月 21 日，林書豪被勇士隊下放到發展聯盟，曾經滄海難為水，林書豪重返 NBA 的日子似乎指日難待，當晚林書豪在日記裡寫道，「我真希望自己從來沒有和勇士隊簽約。」

發展聯盟的試煉

在失去一些東西的同時，你也得到一些東西。這是林書豪被下放到發展聯盟之後所上的代價最貴、收穫最多的一課，他似乎重新找回了心裡頭那個在高中、大學時代，為打球而打球的太空飛鼠，「在發展聯盟，我有更多的上場時間，這確實幫助我早一點進入狀況。」勇士隊教練司馬特（Keith Smart）對林書豪積極的心態給予肯定，他發現林書豪除了表定的例行練球之外，還會找出個人休息的時間苦練，在視聽教室和教練一起觀看球賽錄影帶，找出自己的問題，「任何球員只要有這種積極態度，就有可能獲得證明自己的機會。」司馬特說。

林書豪最終並沒有如司馬特所說的，在勇士隊找到證明自己的機會，不過林書豪之後將證明，勇士隊未能提供他足夠的機會，這是勇士隊的損失。實際上，因為 NBA 和發展聯盟的對抗強度落差不小，不少在發展聯盟打得很好的球員，回到 NBA 並沒有得到實力證明自己，之後被打回原形，夾著尾巴回到發展聯盟，然後淡出職業籃球賽，被人遺忘。林書豪在勇士隊就曾三度被下放到發展聯盟，每被下放一次，對林書豪的信心打擊的強度就漸次地加重，如同三度入獄，這次的刑期要比上次重。

以父之名的橘色手環

南非人權領袖曼德拉（Nelson Mandela）曾被南非白人政府監禁了數十年，他在獄中靠著 19 世紀英國詩人威廉·亨利（Willaim Ernest Henley）的詩〈無敵〉（INVICTUS），維持自己成為一位打不敗勇者的信心，詩文是這樣的：「夜幕低垂將我籠罩，兩極猶如漆黑地窖，我感謝未知的上帝，賦予我不敗的心靈，即使環境險惡危急，我不會退縮或哭泣，立於時機的脅迫下，血流滿面我不屈服，超越這般悲憤交集，恐怖陰霾獨步逼近，歲月威脅揮之不去，我終究會無所畏懼，縱然通道多麼險狹，儘管嚴懲綿延不盡，我是我命運的主人，我是我心靈的統帥。」

林書豪在發展聯盟最黑暗和最光明的時刻，對上帝的信仰成為他的信心支柱，他上場前都會先戴上一只橘色手環，上命寫著「我奉耶穌的名打球」，語出《聖經》以弗所書 5 章 20 節：「凡事要奉我們主耶穌基督的名，常常感謝父神。」

● 林書豪在2012年2月如旋風般崛起後，
NBA理事長破例讓他加入早已選秀完成的新秀明星賽。

52 　林書豪的這條手環購自「積極信仰」（Active Faith）服飾公司。該公司是由前ＮＢＡ球員史密斯（Lanny Smith）和托利弗（Anthony Tolliver）創辦，專賣與信仰有關的服飾和配件。林書豪的「我奉耶穌的名打球」手環售價3美元，而其所造成的信心強化效果，無價。

　林書豪曾形容自己像一具木偶，是上帝的手在操控他，2010-11球季，林書豪只打了29場，平均上場時間不到10分鐘。2011-12球季前雖然加入火箭，但一週後就被火箭釋出，他連消化比賽垃圾時間的價值都被勇士和火箭否定了。所幸尼克給了他一次機會，如今看來，是上帝和林書豪給了尼克一次機會。

板凳球員變身「完美風暴」

　從NCAA到NBA，為什麼會有這麼多支球隊，這麼多位教練，會把創下先發五場得分最多紀錄的林書豪當垃圾處理，棄之不顧？尼克隊總教練狄安東尼說，這很難預知，這就像中樂透，你買了彩券，你希望中獎，但沒有人保證你絕對會中獎。

　火箭、勇士當然不可能會中NBA史上最高獎金的樂透，因為他們排在林書豪前面的控衛一堆，輪不到林書豪先發；如果尼克控衛拜倫‧戴維斯（Baron Davis）背傷能如期痊癒登場，如果伊曼‧熊伯特（Iman Shumpert）沒有在季初弄傷膝蓋，如果狄安東尼最早試用的三位控衛，其中任何一位能融入尼克的進攻戰術，林書豪也就沒有機會在尼克隊長時間上場或擔任先發了，席捲全美的林來瘋現象也不會發生。

　種種因素陰錯陽差，交互作用下，終於釀成了勇士隊總教練司馬特，和灰狼隊籃球事務部總監巴布考克（Rob Babcock）所說的「完美風暴」（Perfect Storm）。小牛隊的老闆庫班（Mark Cuban）則認為，林來瘋的故事只有在美國最大的媒體市場紐約才會發生，如果林書豪的事蹟發生在夏洛特（山貓隊），誰鳥啊？根本沒人會知道。不過庫班替林書豪感到開心，但他認為林書豪目前的失誤還太多，他只希望林來瘋對上小牛隊的時候能趕快恢復正常。

　美國時間2月3日，林書豪從發展聯盟被召回尼克隊，那晚他借住隊友家裡，睡在那張神奇的沙發上，他感覺到暴風雨前的寧靜，決定命運的時刻即將來到，但他並不知道，他即將在對籃網之戰，重新定義替補球員的價值。

　2月4日，林書豪替補上場，卻打了36分鐘，把麥迪遜花園廣場打成了林家花園，紐約球迷喜怒無常陰晴不定，並不好伺候，但當天林書豪卻讓全場球迷燒聲大喊「Jeremy！Jeremy！」林書豪攻下兩隊最高25分與7助攻，兩項都創個人生涯單場最佳，另有5籃板、2抄截，

全能演出的林書豪為尼克贏得主場勝利。

　　「對我而言，到現在，我還搞不清楚發生了什麼狀況，一切都讓我震撼不已，我還在理解中。有時我不禁會想，也許我永遠等不到上場發揮的機會。」林書豪說。就連輸球的籃網教頭強森（Avery Johnson）都不禁要以另一種方式來誇林書豪兩句，「或許你認為安東尼投 15 中 3、史陶德邁爾（Amar'e Carsares Stoudemire）犯規麻煩在身，我們應該可贏個 10 分以上，可是尼克有個板凳球員攻下 25 分，這確實令人沮喪。」

　　之後 3 週，林書豪逐步讓對手的沮喪升高到另一個檔次。2 月 6 日，林書豪獲得ＮＢＡ生涯首次先發上場機會，締造生涯上場時間新高 45 分鐘，得分也推升到 28 分；另有 8 助攻、2 籃板與 2 抄截，他全場唯一能被挑剔的就是 8 次失誤，不過他出賽 44 分 52 秒，以尖酸刻薄挑剔聞名的紐約媒體寫道：「這情有可原。」林書豪的突出表現，為快要被球團老闆炒魷魚的教頭狄安東尼解圍，他說話的口吻也開始像自家人了，「我正準備換林書豪下來，但他看著我說：『我不想下場』，我就由他了。」

　　接著，林書豪以瘋狂 7 連勝，向全球遞出了列有各種 Lin 開頭的英文名字名片，其中最廣為人知的是 Linsanity。8 日，林書豪的單手爆扣，更讓華府威瑞森球場為之晃動不已，林書豪打出ＮＢＡ生涯首度雙十（23 分、10 助攻）紀錄，尼克以 107 比 93 勝巫師取得 3 連勝；10 日，NBA 的「李小龍」林書豪攻下生涯得分新高 38 分，外加 7 助攻、4 籃板、2 抄截，擊敗西區傳統勁旅湖人隊，中止尼克對湖人的 9 連敗；11 日對灰狼，林書豪在最後 4.9 秒的關鍵罰球，助尼克以 100 比 98 勝地主灰狼隊，勇奪本季尼克連勝新高的 5 連勝，尼克本季首次搶進東區前 8 強行列，林書豪拿 20 分、8 助攻、6 籃板及 3 抄截，在與盧比歐（Ricky Rubio）的天才控衛對決中取得上風。

　　14 日，林書豪在最後 0.5 秒的絕殺三分球，帶領尼克以 90 比 87 逆轉擊敗暴龍，勇奪 6 連勝；林書豪攻下 27 分、11 次助攻、2 籃板、1 抄截，並以 136 分改寫「俠客」・歐尼爾（Shaquille O'Neal）保持的前五場先發 129 分總得分聯盟紀錄；15 日，林書豪先發 26 分鐘，創下生涯新高的 13 次助攻，帶領尼克以 100 比 85 輕取國王，林書豪以 7 連勝，完成了林來瘋籃球世界的《創世紀》。如今已沒有人會問「誰是林書豪？」不過卻有更多人等著看，在瘋狂的洪水退去後，林來瘋將為世界帶來什麼改變。

Linderella

誰說
黃皮膚不會打籃球

文／葉基

美國華裔球員林書豪籃球生涯最大的困擾，在於常有人會故意或主觀地認為他不像籃球選手。在美國，初次見到林書豪的人們，常會認為他是排球選手、是學校管樂隊成員，或是賣餛飩湯、糖醋排骨兼外送的，而最近，最接近籃球選手的臆測則是，「你是訓練員嗎？」

1月5日，林書豪在臉書上寫道，每次他進入麥迪遜花園廣場，警衛常會攔下他，詢問他是訓練員嗎？籃球隊訓練員通常負責球員體能訓練，或幫忙球員按摩肌肉舒緩緊繃神經。林書豪的高中教練戴朋布洛克記得，林書豪高三，第一次參加在舊金山的一場職業／業餘聯盟的球賽，一位老兄對剛走進球場的林書豪說：「抱歉，先生，今晚沒有排球賽，今晚打籃球。」戴朋布洛克說，人們並非刻意要傷害林書豪，長久以來，美國人直覺認為亞裔人士不是打籃球的料。

就算林書豪創下 1976 年以來，NBA 生涯前五場先發累計最高得分紀錄，依然會有球迷在比賽時噓他，說他是被高估的冒牌貨。同樣的狀況也發生其他亞洲球員身上，例如大陸中鋒姚明，他身高 227 公分，而擔任球賽轉播評論員的惡漢巴克利（Charles Wade Barkley）依然看扁他，說姚明如果能夠在一場比賽攻下 19 分，他就去親他旁邊另一個評論員的屁股。結果姚明在 8 年 NBA 籃球生涯中，共有 268

場比賽的得分等於或超過 19 分。巴克利為自己的錯誤負責，他在全國電視節目上親了一頭驢子。

巴克利對亞洲人或美國亞裔的刻板印象，讓他糗很大，先後釋出林書豪的勇士隊、火箭隊也因此而悔恨不已。而兩隊教練團和管理階層把林書豪這顆史上最大最亮的遺珠當垃圾處理，不禁讓媒體質疑，球團的專業能力和評估球員的系統顯然出了問題。如果時間點往前推，數以百計的 NCAA 第一級籃球名校，竟然沒有一所大學願意提供林書豪運動獎學金，是他們約好在同一時間，一起把蛤仔肉糊上了眼睛？還是美國長期以來對美國亞裔人士的成見，認為他們在籃球場上的競爭力，和砧板上那條等著被宰割的魚沒有兩樣？這個問題，隨便抓一個走在紐約街頭的美國亞裔人士來問，每個人都有一肚子苦水。

美國亞裔人士謝生先年輕時在休士頓的高中打籃球校隊，目前經營一家促進美國亞裔運動員發展的基金會，他對美聯社說：「被別人忽視的感覺我太清楚了，尤其在我打球的時候。球團在看你的時候眼神冷漠，缺少那種『老天！我們得想盡辦法，把這個孩子弄進我們球隊裡』的激情，亞裔球員必須榨乾體內最後一滴精力，才能在高階的比賽裡掙得一席位置。」

除了美國人對亞裔人士的刻板印象，林書豪更進一步受

● 林書豪的身材雖不如非裔球員高壯，
  但能以靈巧的速度取勝。

到排擠羞辱，只因為他是亞裔華人。高中時期的林書豪，剛開始覺得自己不過是一位單純愛打籃球的大孩子，可是當對手、球迷在比賽中，以充斥著種族歧視的言語如「打開你的眼睛」、「中國佬」之詞羞辱他時，林書豪才發現，籃球並不像他想像中那麼單純。在霸凌無所不在的高中校園裡，明哲保身之道就是儘量不要和別人不一樣，尤其是膚色。林書豪有一次在訪問中說：「我的成長過程當然比別人更艱困一些，總而言之就是對我的不尊重，人們不認為我真的會打籃球。」林書豪的父親林繼明記得他當時對兒子建議：「我告訴他，人們將會在言辭上對他不敬，但是他在別人言語的刺激之下必須保持冷靜，不能動怒。我說，為學校贏得比賽，別人就會尊敬你。」

林書豪創下高中校史勝場數紀錄，但是結果並非像爸爸說的那樣。林書豪並未獲得任何 NCAA 第一級大學籃球隊對他應有的尊敬，他們也沒有提供他獎學金。林書豪在最近接受 ESPN 訪問時說出當時的窘境，「我甚至沒有辦法讓第三級的大學來看看我。」林書豪並不知道原因為何，不過他直覺和他的亞裔身分脫離不了關係。

2 月 25 日，林書豪在美國奧蘭多記者會上，針對記者提出林書豪過去一直被低估，可能是因為亞裔背景的關係；林書豪說，「我認為有可能，但是我不知道這種可能性有

CFP

● 林書豪為NBA史上第七位亞裔球員，
在加入尼克隊之後，
已迅速融入團隊之中。

多少，不過我以自己身為亞裔美國人為榮。」

2009 年 NCAA 統計，美國大學第一級籃球隊，亞裔球員只占 0.4%，即 5051 位球員裡，只有 20 位亞裔球員。由於長春藤聯盟的學校，包括哈佛大學並不提供運動獎學金，但哈佛大學校隊是打第一級的比賽，於是林書豪決定加入哈佛大學。

種族偏見的問題，在林書豪打長春藤聯盟時期依然存在，有些美國白人對亞裔的偏見和刻板印象根深蒂固，他經常在比賽中聽到羞辱他的聲音，2009 年 12 月，NCAA 一級勁旅康乃狄克大學對哈佛大學之戰前，當時康大的助理教練向哥倫比亞大學助理教練打聽哈佛大學的戰力和近況，得到的情報是哈佛校隊無法搞定林書豪的種族問題，戰力大受影響力。這是一個錯誤的情報。林書豪在對康大之戰，把握對手控衛傑洛米‧戴森（Jerome Dyson）所犯下的每個錯誤，攻下 30 分，9 籃板。

林書豪第一次站上罰球線，一位學生球迷突然用歧視的言語羞辱林書豪，林書豪說；「我真的對此感到厭煩，我只想打球，但我也逐漸接受它（種族偏見）和擁抱它，如果我能幫助其他孩子，那就值得了。」哈佛大學籃球隊的美國非裔總教練阿梅克（Tommy Amaker），曾和林書豪談過種族問題，「我告訴他，如果他不是那麼強的話，沒有

Getty Images / CFP

人會對他說長道短。」

人們面對強者的心理是很複雜的。電影《星際大戰》維達大師說，懷疑產生恐懼，恐懼造成仇恨，仇恨產生報復。西方世界對亞洲人的恐懼和疑慮，可溯源到匈奴王阿提拉，橫掃歐亞的成吉思汗。而近代的美國亞裔，幾乎和運動沾不上邊，亞洲人最初到美國是做鐵路工人（苦力）、開餐廳、洗衣店；戰爭期間，亞洲人成為美國人最頭痛的敵人。而今，美國亞裔的廉價勞工優勢，的確讓不少美國藍領丟了飯碗，不過對亞裔廉價勞工的刻板印象，已經轉移到另一個戰場，亞裔人士在數理方面的天分和努力，讓他們在科技產業也能和美國白人爭奪工作權。林書豪在 NBA 的崛起，是亞裔的轉捩點，亞裔未來也有可能在職業運動市場，和非亞裔美國人競爭，這已經讓非亞裔美國人先到著等，而這些種族偏見就是發動攻擊的訊號彈。

種族歧視的劣根性，就躲藏在人們潛意識最陰暗的角落裡，它們繼續存在，它們在等待，人們讓它們在記憶中被淡化，將它們弄得幾乎從未發生過的，幾乎把自己都說服了，相信他們沒有種族偏見，或至少不是你想的那個樣子，然而一句無意中脫口而出的話語，就會把它們召喚出來，讓當事人措手不及，急於撇清和道歉。

16 日，麥迪遜廣場花園電視台播出一張以林書豪的臉部為主，下面卻是一張幸運餅乾籤條，內容寫著「尼克的好運」，不久電視台緊急澄清，這是在球場觀眾的標語，與本台無關。黑人拳王梅偉瑟（Floyd Mayweather Jr.）也推文表示，媒體炒作林書豪，是因為他的亞裔身分。沒幾天，梅偉瑟也道歉，「我沒有那個意思，你們知道的。」

林書豪攻下 38 分打敗湖人，福斯體育台專欄作家惠特洛克（Jason Whitlock）在推特玩弄亞裔刻板印象，在亞裔的器官上做文章，「今晚紐約有某個幸運的女人將感到幾英寸的痛。」不久惠特洛克也是乖乖推文道歉。如果他們知道林書豪如何看待他們，他們會感動到掉淚。

林書豪在 2010 年接受《基督日報》訪問時說，自己年少氣盛的時候，喜歡競爭，貶低別人。尤其在球場上常聽到一些人對他的輕視和侮辱，他很想出口駁斥他們，用戰績來報復他們。隨著年齡增長，心理逐漸成熟，這些都不再影響他了。「身為基督徒，我們要把另外的臉也轉過來，要愛我們的仇敵。當他們說你的時候，你就要勒住你的舌頭，要愛他們……。」林書豪說。

從高中、大學到 NBA，多位美國教練常說，林書豪總是能讓周遭的人、事變得更好，儘管 NBA 球團曾錯估林書豪，而今種族偏見的聲音依舊在他耳際縈迴，誰能料想到，將 NBA 從封館醜聞裡救贖出來，重新贏回觀眾的，正是這位來自 NCAA 一級聯賽軟肋哈佛大學的亞裔美國球員。

在美國追蹤討論亞洲議題，頗具影響力的部落格《憤怒的亞洲人》，創辦人余菲爾（譯音）對美聯社說，「美國人依然把亞裔美國人視為外國人，不過林書豪在 NBA 大放異彩，讓我們更像美國人了。」林書豪最讓余菲爾引起共鳴的一刻，不是他對暴龍砍進最後致勝三分球，也非對湖人攻下 38 分，或對巫師交叉運球之後單手灌籃，而是一張兩位白人球迷，穿著林書豪 17 號球衣的照片，「這張照片無與倫比，感覺難以形容，老實說，我真的感動到有些說不出話了。」

Lin God We Trust

信仰
讓我成為更好的籃球員

文／葉基

● 2012年1月底時，
林書豪的心裡或許是不安的，
因為尼克隊將在十幾天後
決定他的去留。

66

　1月27日，尼克客場對熱火賽前，林書豪和隊友喬丹
（Jerome Jordan）、費爾德斯走進了祈禱室，喬丹、費爾德
斯向上帝祈求什麼，我們不知道，不過我們現在知道，林書
豪向上帝祈禱了什麼。他祈求可以不要被尼克隊釋出，
因為紐約的舞台夠大，球迷和媒體夠多，紐約幾乎什麼都
有，沒有什麼地方比在紐約打球還棒。祈禱完之後，林書
豪晃晃悠悠地走向球場準備出賽。那天總教練狄安東尼並
沒有派他上場，尼克以89比99輸給熱火，林書豪離開邁
阿密的時候，或許心裡頭曾經閃過一個數字，12，還剩12
天決定他本季是否能留在紐約，上帝還有12個工作天，去
讓林書豪的禱告成為事實。

　2月10日是林書豪和尼克的保證合約生效的日期，尼克
如果不想留他，在2月8日之前，必須將他釋出。跡象顯示，
尼克將和勇士、火箭隊一樣把林書豪釋出，因為他在1月
中旬時，他的NBA籃球生涯裡已是第四度被下放到發展聯
盟坐苦窯，林書豪即將成為上帝和球團的棄兒。曾有位俄
國小說家說過：「我們轉向上帝只為了獲得不可能的，至
於可能的，人們靠自己就夠了。」他錯了，這次上帝將實
現林書豪的禱告，擺動祂手上的木偶 Mr. Improbable，完成
NBA史上難度最高的不可能任務。

　2月3日，林書豪從發展聯盟被召回尼克隊，2月4日，

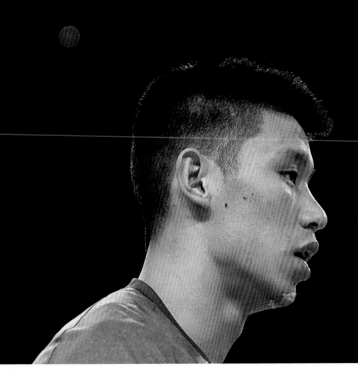

「我們更以患難為榮；知道患難產生忍耐，忍耐產生毅力，毅力產
生盼望；盼望是不會令人蒙羞的，因為神藉著所賜給我們的聖靈，
把祂的愛澆灌在我們的心裡。」

　　　　——《羅馬書》5 章 3-5 節，林書豪在逆境中最常閱讀的經文

● 林書豪選擇17這個數字為球衣號，
他認為這代表著「上帝與我同在」的意思。

林書豪替補上場，打了 36 分鐘，攻下兩隊最高 25 分與 7 助攻，助尼克贏得最近 14 場比賽的第 3 勝；2 月 6 日，林書豪首次先發上陣，他打到不想下場休息。他在 45 分鐘裡攻下 28 分、8 助攻。隔天，林書豪和尼克隊簽下 76.2 萬美元的一年合約，林書豪在 25 日的記者會上說，「現在我真的相信，上帝要我留在紐約打球。」

林書豪是虔誠的基督教徒，林來瘋旋風席捲全球的同時，林書豪也藉著他在球場內外的表現，替上帝傳福音。他在奧蘭多參加 NBA 明星賽前，揭露他球衣背號 17 號的祕密，意思就是「上帝與我同在」。林書豪說，聖經裡多次出現 7 這個數字，7 是「上帝的數字」，所以他選了 7，而 7 的前面的那個 1 代表他自己，他希望藉由上帝的祝福與自己的努力打出成績，所以他球衣背號選 17 號。

林書豪在高中、大學時期都是穿 4 號球衣，他最初在小牛隊夏季聯盟開始穿上代表上帝的 7 號球衣。當時林書豪說，「小牛當時給了我 7 號球衣，我則承諾他們，一旦我打進ＮＢＡ，不管是在哪一隊，我都將盡可能保有這個背號，目的是要提醒自己，一切都是上帝的恩典。」

林書豪到勇士隊也是穿 7 號球衣，被勇士隊釋出後到火箭隊，7 號球衣被隊友穿了四年多了，林書豪只好改選 17 號。他接著來到尼克隊，招牌球星甜瓜安東尼穿 7 號球衣，因此林書豪只好繼續穿他的 17 號球衣。有趣的是，尼克兩大球星史陶德邁爾穿 1 號球衣，而安東尼是 7 號，而林書豪是兩人背號合在一起的 17 號，是巧合嗎？他的伯父林繼宗對國內媒體說，林書豪曾對他說，有一天他要穿回 7 號球衣。

受到林來瘋風潮的感染，美國媒體突然對 17 號球衣產生了興趣，研究後發現 17 號是極冷門的球衣，本季 NBA 有 30 隊出賽，只有 8 名球員穿 17 號，NBA 史上也只有塞爾提克獨家將 17 號球衣退休。美國大聯盟 150 多名退休背號，17 號只有 1 位，美式足球連 1 位都沒有。

球迷也開始研究林來瘋的 17 號，並賦予更深層含意，有一位網友在中時電子報留言版提到，林書豪自己可能都不知道神為他預備的 17 號，有代表「得救、拯救」的意義，如《聖經》的許多章節裡都有提到：「2 月 17 日那一天，大淵的泉源都裂開了……7 月 17 日，方舟停在亞拉臘山上（僅挪亞一家八口得救）」（創：7：11；8：4）；「雅各住在埃及第 17 年……（雅各全家從大饑荒中得救）。」（出 47：28）

上帝真的存在嗎？法國小說家福樓拜（Gustave Flaubert）說，上帝無處可尋又無所不在，既看不見，又無所不見；塞萬提斯（Miguel de Cervantes Saavedra）相信，沒有上帝

林書豪認為
他正走在上帝為他安排的正確道路上。

「剛進 NBA 時，上場機會不多，每當比賽後我坐下來，禱告求問神，祂的目的是什麼？為什麼我現在會在這裡？我確實在和神角力，祂要我學會謙卑，祂一直教導我必須真正了解到，我不是為了球迷打球，不是為了家人，甚至不是為我自己。我是要為了榮耀神來打球。當別人看我打籃球，我打球的方式，我怎麼對待隊友，對待對手，以及其他人，這都反映了神的形象，神的愛。」

的旨意，樹上一片葉子都不會抖動。當代英國物理學家史蒂芬‧霍金（Stephen W. Hawking）相信有外星人，可是他不相信宇宙是上帝創造的。存在主義大師卡繆（Albert Camus）說，人創造上帝以免自殺，這便是宇宙史到目前的總結。心理學大師榮格（Carl Gustav Jung）做出結論：「什麼是真？什麼是假？信者為真，不信為假。」

宗教信仰的好處就在於你相信祂，祂就會來幫你，如果祂沒有幫你，你也會認為神另有安排，或直覺地認為自己一定有那裡做錯了。林書豪目前無疑地正走在上帝為他安排的正確道路上。

2010 年，林書豪在接受《基督日報》專訪時指出，上帝通過籃球運動來塑造他的品格，培養他的信仰，雖然過去的籃球生涯發生一些事，一度令他對上帝失去信心；但在經歷過許多比賽之後，林書豪發現，比賽結果往往不是他一個人所能掌控的，他真正能夠控制的部分其實很少。

林書豪經常在場上發生靈悟，「很多次我在球場上，感覺到我並沒有在控制自己的身體，好像有人把我當作木偶一樣。我做過一些事情，當我回頭看的時候，我很驚訝自己竟然會這樣做。那時候，我明白的確有超越我所看見的事情在發生，是一種超自然的東西。」

林書豪的媽媽吳信信經常提醒林書豪：「要謙卑！要將榮耀歸給上帝！」一開始林書豪並不明白這句話，對於幫助他贏球，改善他的生活會有什麼效果，去年 3 月，林書豪接受宗教社群網站 Patheos 採訪時表示，「隨著媒體越來越關注我，我感覺到好像我是為了取悅大家而打得更好，這成了很大的負擔，奪走了我打球的快樂。正確的說，我打球不是為了別人、也不是為了自己，而是為了上帝。」

而今，林書豪經常把「我的觀眾是神」這句話掛在嘴上，「為神而比賽，把這些分數和紀錄都交託給祂，只要盡全力，然後留待神去判斷你的勝敗。因此我只需要盡力準備好自己，在比賽的時候，我無時無刻都把自己獻給神，讓祂來使用我。」

林書豪把他對上帝的堅定信仰放在心裡，戴在手上，從勇士隊時期被下放到發展聯盟，到本季在 NBA 掀起旋風，他上場前，都會先戴上寫著「我奉耶穌的名打球」的橘色手環，表達他對上帝的愛。今年 1 月 2 日，他在臉書寫下他的新年新希望：「希望到了 12 月 31 日，我能比 1 月 1 日的時候愛上帝更多更深。」

NBA 禁區裡頭無所不用其極的野獸們並不知道，他們面對的是一位有上帝助攻，要顯出「神的模樣」的林來瘋。林書豪在去年 12 月 28 日在臉書上引用聖經詩篇寫道：「你

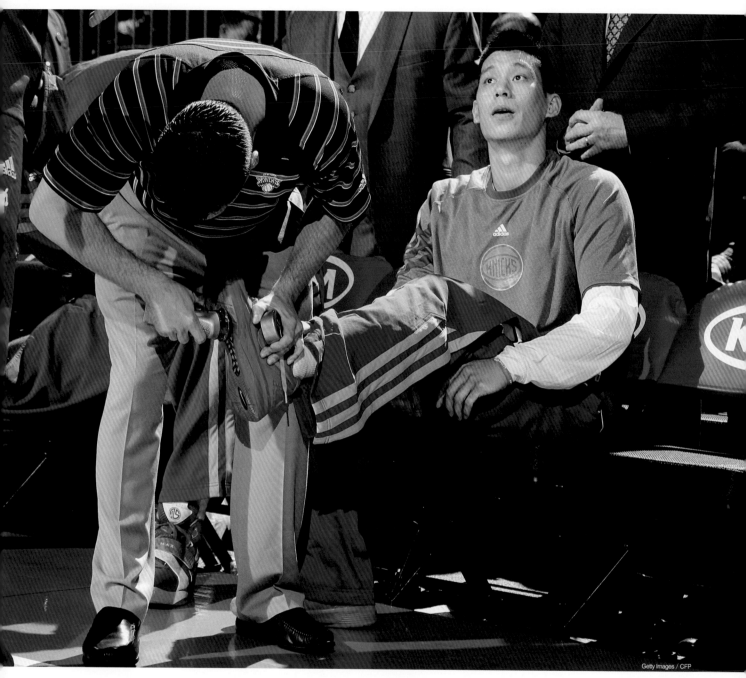

Getty Images / CFP

● 林書豪在上場前都會戴上他的橘色手環。

● 林書豪小時候
與家人常去的教堂。

學的最後一年接受訪問時說，「當你被稱為基督教徒，你就自然而然地和別人不同，在今天的籃球世界，這的確讓你變得不一樣，因為當今的社會價值觀，並非必然和上帝的價值觀一致。」

2月26日早上，林書豪出席一場華人媒體記者會，面對如雪片般飄來的贊助代言邀約，他表示，除非符合自己的價值觀，否則他不會簽下合約。他希望自己十年後，依然跟現在的自己一樣，「如果我變得比較驕傲了，請大家一定要告訴我。」

在學生時代，林書豪就參與教會福音工作，他過去接受《時代雜誌》專訪時透露，他計劃將來退休後，能夠成為基督教本堂牧師，全職投入傳播福音，並希望能在國內外成立非營利性組織，幫助貧困的小孩。而在那一天到來之前，他將繼續用籃球見證上帝的榮耀。

林書豪奉耶穌之名打球，無疑的，他正潛移默化的改變傳統美國人對美國亞裔的刻板印象和種族偏見，此刻的林書豪彷如《荒野大鏢客》克林・伊斯威特（Clint Eastwood），騎著一頭驢，晃晃悠悠地闖進邊境小鎮，用他特有的方式和語言，去實現上帝的正義，去贏得喝采，去讓許多球迷高舉著標語，上面寫著，Lin God We Trust。

們要休息，要知道我是神！我必在外邦中被尊崇，在遍地上也被尊崇。」

早在進入NBA前，林書豪已展現出和NBA部分唯利是圖、不知社會責任為何物的籃球員們的明顯差異。他在哈佛大

Linfinity

家庭教育
打造
無限心靈強度

文／黃及人

鄭任南攝／中國時報資料照片

● 中學時的林書豪

76

回顧林書豪的成長背景，以及他的家庭教育方式，其實很適合做為國內不少父母的參考，不是單單注重精英教育，而是根據每個小孩的個性、興趣與天分因材施教，更重要的是，不要去限制孩子們的想法，而是讓他們學習如何獨立思考，替自己找出更美好、更適合的未來。

其實影響林書豪成為 NBA 球員最深的人，還是他的父親林繼明，1977 年為了攻讀博士學位，以及完成現場看 NBA 的長年夢想，林繼明選擇移民到美國加州，從此展開全新的人生，他喜愛籃球的這股熱情，也從小感染到林書雅、林書豪與林書偉三兄弟的身上。

林繼明從小給三兄弟的觀念就是，喜愛打球可以，卻不能因此荒廢了學業，所以他每天幾乎都會跟小孩們打球，可是每次都規定好只能打多久時間，甚至一定要做好功課之後才能打球，間接迫使林家兄弟都自動自發地把自己的課業顧好，以便換取跟父親打球

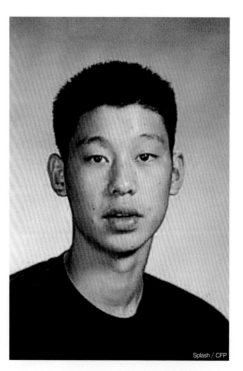

Splash / CFP

的美好時光。

這種教育的理念，既不是放任，更不是放縱，林繼明選擇讓小孩子獨立去決定自己想要的未來，結果三兄弟很自然地都選了籃球，也都陸續成為高中或大學籃球校隊的好手，可是課業絲毫沒有鬆懈，這從林書豪可以在全美最佳學府之一的哈佛，主修經濟、副修社會學，還能一邊替大學校隊改寫隊史紀錄一事中就可看出，林繼明的教育方式是再成功不過了。

同時林繼明也會帶他們到 NBA 現場觀賽，感受一下現場的熱度，更可親眼目睹眾多球星的精采球技，讓他們從小耳濡目染，不由自主地開始想要學習籃球、打好籃球，就像林書豪說過的，他們都會一邊在屋外打著球，一邊隔著窗戶看 NBA 轉播，然後學習每個球星（尤其是林書豪的偶像麥可‧喬丹）的動作打球。

雖然美國媒體不只一次提過，林繼明算是林書豪的啟蒙

● 林書豪很喜歡舉辦青少年籃球訓練營，
把自己所學的和喜愛籃球的朋友們分享。

教練，偶爾晚間都會跟兒子一同研究比賽錄影帶或是攻守戰術，不過林書豪早已正式否認，因為林繼明只是跟他討論比賽過程，身為死忠籃球迷的老爸，比起林書豪一路走來，陪在他身邊的眾多教練，無論專業素養或戰術觀念，自然都差上一截。

可是林書豪也強調，他很喜歡這種跟父親討論的感覺，因為這算是他與家人互動的方式之一，也是一種親子和諧共處的溫馨感受。他們一家人的關係非常的緊密，只要可能的話，都會盡量待在一起，就算是現在林書豪在 NBA 闖出名號，他與林繼明也經常討論賽事，增加父子之間更多話題，只是林繼明當初可能怎麼也沒想到，有一天自己的兒子真的能站上 NBA 戰場，成為全球矚目的林來瘋。

儘管林書豪的母親吳信信，就跟絕大部分的媽媽一樣望子成龍，一開始並不太希望任何一個兒子走上打球維生的未來之路，卻被家中四個男人的籃球熱情所感動，轉而變成最支持他們的背後動力，可是她強調，假如要學就要學好，畢竟一切東西都是基礎最重要，且是年紀越小開始學，效果才會越顯著。

因為有了哥哥林書雅（他比較晚才開始接受正規籃球訓練）的前車之鑑，吳信信很早就開始針對林書豪的訓練下足功夫，不管是找尋籃球訓練營，或是基礎動作指導教練，

甚至是高中校隊狀況，她都很仔細地替林書豪打好基礎與找好訓練環境，讓林書豪可以無後顧之憂，兩人雖偶有爭吵，但都在努力溝通下，找出兩人都可接受的真正答案。

不過吳信信始終堅持一個原則，就是不管三個兒子怎麼愛打籃球，或是打算當作個人終生事業，他們也必須擁有第二專長或職業當作後補，在這樣的前提下，她一直扮演著嚴母的角色，來為林書豪的課業和學習把關。林書豪在中學時，如果成績因為忙練球而有下降的趨勢，她會要求林書豪調整打球的時間，來補足課業上的進度。她甚至曾為此去找林書豪的籃球教練，並語帶威脅地和他說：「林書豪今天在課堂上只拿到 A，如果下週沒有進步到 A＋，我會叫他退出球隊。」但儘管如此，她並不會阻擋兒子的籃球夢，反而是以實際的參與來表示支持，林書豪的高中籃球教練表示：「當時球隊比賽前一小時，他媽媽就已坐在觀眾席等待。」不只是媽媽吳信信，爸爸林繼明只要一有空，也會去看他的球賽，並默默地在場邊為他錄影作記錄，讓林書豪之後可以再從影片中檢討自己的表現。

林書豪進入哈佛之後，每當學校校隊的球季要開始忙起來時，吳信信會確認他在球季間會遇到的考試或報告是否已經準備好，或是要求他在假期時預先為接下來的功課做好準備，然後才讓他放心地去打球。這也是為何林書豪在

家庭裡的共同信仰深深地影響著林書豪，
他已把自己一切的成就歸功於上帝。

哈佛大學就讀期間，可以一邊打好籃球，一邊仍是經濟系資優生的原因。吳信信的這項原則，確實讓三兄弟的未來更高枕無憂，只是現在恐怕連她也沒想到，林書豪不只擁有哈佛的高學歷，如今在 NBA 打出如此高的成就，恐怕未來可以賺到的錢，絲毫不比經濟系高材生來得少。

在雙親成為堅強後盾的基礎下，林書豪開始了「林來瘋」的第一步，比起哥哥林書雅，林書豪明顯占盡天時、地利與人和三大條件，因為林書豪自幼的身材條件與素質就比所有家人好，而且跟林書雅不同的是，林書豪從小就開始接受正規籃球訓練，也碰上不少幫助他成長的籃球教練。

無論是在帕羅奧圖高中，或是哈佛大學打校隊期間，華裔的林書豪卻始終可以在白人或黑人充斥的籃球校隊當中，獲得足夠的發揮空間與上場時間，主要當然是他具備應有的實力，此外更重要的是教練團願意給他舞台，看得出林書豪的潛力，而他也一次又一次證明自己，沒有辜負願意給他機會的教練們。

而這也是林書豪現在很喜歡舉辦青少年籃球訓練營，且親自教導每個學員的主因，因為當初他也是在這樣的環境當中學習成長，同時比林書雅幸運的是，林書豪的

籃球路上，始終都有「貴人」照顧，不管是他的高中或大學教練，或是自認不夠格的父親林繼明，都持續帶給他正確且有用的籃球觀念，讓他可以逐漸具備打 NBA 的本錢或球技。

此外，林書豪的固執個性，也是他今日可以達到如此成就的原動力之一。吳信信曾在受訪時提到，大哥林書雅的性格比較按部就班，遵從父母親長年安排，父母照書養孩子，而孩子也照書反應；但是林書豪不同，他很有自我主張，甚至一開始會為反對而反對；但是之後還是會考慮父母親給他的建議，並在和父母親溝通討論後，共同找出真正適合自己的道路。

林書豪的固執，甚至可稱為偏執的個性，同樣對他的籃球事業帶來幫助，畢竟要在種族歧視觀念尚存的美國環境當中長大，且跟一堆自認體能條件比起黃種人傑出的白人或黑人共同打球，林書豪很小就受到不少的歧視眼光，甚至是難聽到不堪入耳的辱罵話語，可是這一切都被他的不服輸個性擊敗。就是因為周邊的人，都如此看不起林書豪，他才要拿出更好的表現去證明自己的能力，不管面對多大的挫折或阻礙，他也用決不認輸的精神與毅力去克服，不過就像林書豪常說的：「我也只是個平凡人！」他也會經常感到憤怒與不滿，卻選擇用不

同的方式處理面對，甚至突破到懂得如何調節適應。

說到這一點，就不得不提林書豪全家的虔誠信仰——基督教。從小雙親便給林家兄弟建立起信奉上帝的觀念與想法，也都固定每週帶他們上教堂。信奉上帝帶給林書豪的，不光是抽象的觀念，而是更多心靈上的慰藉與支持。這也是他每次不管被問到任何問題，他都幾乎會把自己一切的成就或功勞歸給上帝的原因。

由於虔誠信奉上帝，林書豪開始慢慢懂得如何紓解壓力與排解憤怒，每當在球場上，碰到莫名其妙的種族歧視言語怒罵，或是沒有贏下該贏的球賽，林書豪就會把一切交給上帝。他曾說過，自從信奉上帝後，他就不把球迷或家人放在內心最上位或第一位，因為那個位置只屬於上帝。

也是這種虔誠的信仰，帶給林書豪更多奮鬥的動力，仔細回顧他一路走來面對的困境，從高中畢業想去唸離家較近的史丹佛大學，卻沒如願，只能無奈選擇他當時內心最後一個選擇哈佛；然後原本信心滿滿自己會在選秀會上被（湖人）挑走，沒想到希望還是落空，結果落到未被選秀的悽慘地步；甚至好不容易加盟從小最愛的家鄉NBA球隊金州勇士，卻始終不受重用，擔任替補中的替補也就算了，只打一季就遭釋出，到了休士頓火箭更慘，連球季都還沒開始，再次被人釋出。

面對種種困境，一般人恐怕早就選擇放棄籃球，改從事其他行業，林書豪卻都一一克服，他把憤怒轉為激勵自己繼續成長的原動力，也把侮辱轉為自己每天埋頭揮汗苦練的拚命動力，更堅信這是上帝給予他的磨練，因為他知道總有一天，他會讓所有看不起他或欺騙、侮辱過他的人後悔，如今林來瘋席捲全球，早已證明林書豪的能力與魅力。

吳信信說過，自己最大的期望，只要林書豪始終走在神的路上，且不重視結果，只重視過程，把一切磨練苦難當成神的旨意，也把一切榮耀歸於他們所信奉的神，這種心靈層面的教育方式，讓林書豪從小懂得如何面對逆境，更毫不畏懼去克服或突破逆境，光在心理強度上面，林書豪先天上就占據不少優勢。

有了雙親從小至今的呵護，加上跟一般華人家庭截然不同的教育方式與環境，還有兩位從小一起打球到長大的兄弟、自己決不輕易服輸的個性、熱愛上帝的虔誠信仰等因素，林書豪今日的成功絕非偶然，他只是在等待上帝給他一個真正的機會或舞台，而他這次確實也掌握住了！

Linpossible

如何將不可能變成可能的致勝關鍵

文／黃及人

● 籃球是一項重視團隊默契的運動，
場上五個人必須同心同力，
才有可能贏得比賽勝利。

　　籃球是一項很重視團隊默契的運動，場上五個人必須
同心同力，才有可能贏得比賽勝利，尤其是林書豪擔任的
控球後衛位置，更是整個團隊的核心，無論隊友能力有多
強或名氣有多大，到了場上都要聽從控衛的指揮，到了
NBA，這種情況也更顯著，畢竟 NBA 是個充滿殘酷和無情，
一切都講實力的戰場，一旦你沒有辦法掌控或發揮，就只
有被淘汰或坐冷板凳的份。

　　林書豪如今可以在競爭激烈的紐約尼克隊站穩先發控衛
地位，靠的就是他整合團隊默契的天分，這並非光用嘴巴
說說就可以達到的境界，而是結合個人實力、過人拚勁、
團隊信賴、得宜談吐等眾多條件結合，去克服 NBA 殘酷且
現實的一切主客場環境因素，最起碼以當前來看，林書豪
做得相當成功！

以實力換取勝利

　　堪稱全世界籃球水平最高的 NBA，無論你是否經過選秀
進入這個舞台，一切都以實力考量，只要你沒有足以融入
球隊，或是跟上球隊節奏的應有實力，就算進入了 NBA，
只能淪落跑龍套的小角色，甚至沒多久就被下放發展聯盟，
也就是 NBA 的小聯盟磨練，然後慢慢淡出這個競爭激烈的
圈子。

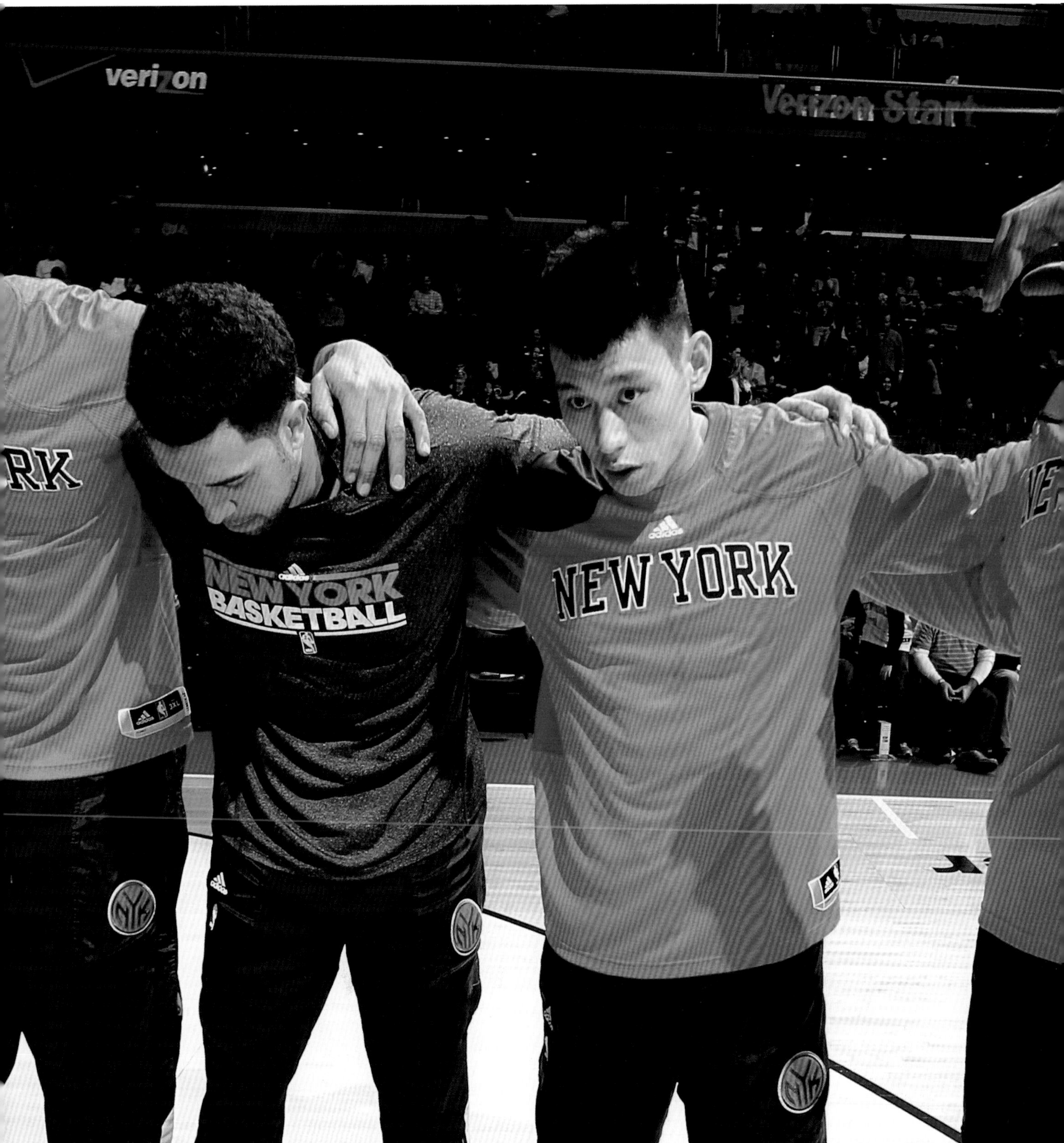

Getty Images / CFP

● 林書豪之前在金州勇士隊時，是欠缺了一個可以展現實力的真正機會。

所以沒有什麼比起用真正實力，讓隊友看得起你來的重要，想要融入 NBA 球隊當中，展現實力就是增加團隊默契最有效的方式之一。就以林書豪而言，不管是在金州勇士、休士頓火箭或紐約尼克，他只是欠缺一個展現實力的真正機會，每次只上場 5 到 10 分鐘，換來的只是難堪的數據，就算偶有爆發，也只會被看成是替補陣容的好運氣。

林書豪展現實力的最佳武器是他的速度，向來自認東方人體型不一定輸給西方人的他，最不喜歡被那些白人或黑人看不起的感覺，頻頻利用自己過人的速度，打掛不少看不起他的對手，如今好不容易可以展現速度實力，他當然更不客氣，就算面對 NBA 頂級後衛的挑戰，他也用速度一一突破難關。

速度的用法相當多元，林書豪可說發揮到淋漓盡致的地步，無論是他的急停跳投，還是假動作晃人、零角度切入、大轉身過人、不看人傳球等武器，都可以利用速度讓對手更難提防，雖在體能上的付出甚鉅，可是每次觀賞林書豪的速度打法，都會製造不少驚奇或好球，讓場邊球迷驚呼連連。

光用速度，還不足以展現林書豪的真正全部實力，原本他在勇士隊比較令人擔心的外線跳投能力，總算在尼克隊獲得平反，原來林書豪不僅能投，甚至敢投，命中率也遠遠超過外界預期的好，本來身為一名控衛，光會傳、光會跑，絕對還不足以成為優秀控球，還須搭配準確外線與罰球，才能真正晉升為明星等級後衛。

林書豪不只做到了，還比他自己與教練團認知的更好，遭遇暴龍的奇蹟勝利三分球，就是一個最佳例子，多倫多暴龍後衛卡德隆（Jose Calderon）根本沒有料到林書豪有膽子在最後一擊選擇三分出手，林書豪偏偏讓對方跌破眼鏡，甚至面對諾威茲基（Dirk Nowitzki）、馬里昂（Shawn Marion）兩名比他高大許多的達拉斯小牛球員，林書豪也照常勇於三分出手，絲毫不畏懼對方的火鍋，這種膽識與實力的表現，更奠定他成為優質控衛的基礎。

如今林書豪遭遇過洛杉磯湖人布萊恩、小牛奇德（Jason Kidd）、新澤西籃網戴隆·威廉斯（Deron Williams）、華盛頓巫師沃爾等頂級後衛的考驗，確實展現他在控衛位置的過人實力，當然也須提到的傳導與組織能力，林書豪更不輸給任何一名對手，與費爾德斯、泰森·錢德勒（Tyson Chandler）等隊友的空中第一時間傳球扣籃搭配，更是每次尼克比賽當中的觀戰重點，也是他展現團隊默契的最佳時刻。

● 林書豪不僅能投，甚至敢投，
命中率也遠比外界預期的好。

用拚勁凝聚默契

　　光靠實力，雖可以跟隊友、對手、教練證明自己，不過還是需要不輸給任何人的拚勁搭配，才可以充分地把自己的實力發揮出來；同樣地，也可藉由個人拚勁，帶動全隊氣勢或士氣，因為只要你願意拚，每個隊友看到你的這種表現，怎麼可能好意思自己在旁邊偷懶打混，絕對也會拿出全部實力應戰，團隊默契當然慢慢展現凝聚。

　　在 NBA 戰場上，控球後衛或許是最該展現拚勁的球員，因為他們必須眼觀全場、耳聽八方，隨時發現場上的攻守縫隙，然後帶領隊友猛攻對方弱點。如果沒有足夠的拚勁與能力，只像無頭蒼蠅一樣亂跑，結局就是陣腳大亂，想要贏球更是難上加難，只是太拚也不好，如何收放自如？就要靠逐漸累積的比賽經驗來控制了。

　　由於控球後衛大部分都是場上身高較為矮小、體型較為瘦弱的人，面對一大堆兩公尺以上的粗壯長人，展現拚勁的最佳方式當然是運球切入，也就是利用自己速度較快的優勢，讓對方防線來不及跟上，雖然這樣快速切入的結果，大部分都是被撞倒或跌倒的命運，可是這種拚法，往往都讓隊友動容。

　　就以林書豪為例，他的切入動作如同不要命的打法，往往帶球衝向禁區，對方很自然會有 2 到 3 個人包圍上來，企圖阻擋他的上籃路線。可是林書豪並非只會盲目衝刺，他都會用換手放籃或高拋挑籃等高難度的投籃動作，徹底迷惑對方的防守，不是球進加罰，就是換取兩罰機會。但這通常都會先撞上籃架護墊，或是狠狠倒地不起，這就是林書豪展現拚勁的明顯代價。

　　可是要激起團隊默契，利用拚勁是最快速、最直接的方法，林書豪也很清楚這點，身為職業運動員的他，不管是進球之後的怒吼或吐舌，還是倒在地上握拳向天，都是利用他的拚勁換來的激發默契與士氣方式，不過付出過人拚勁，通常也須負擔受傷機率較大的風險，畢竟林書豪在 NBA 的生涯還很漫長，或許他也要多學習一些保護自己的方法，避免出現成為傷兵的悲劇。

得到總教練的信賴

　　要建立彼此之間的信賴，用說的很容易，可是實際要做到卻很困難，理由很簡單，打到 NBA 這種全世界最高等級的籃球聯盟，哪個球員不是原本世界各地的一流好手，甚至都是原先球隊的一哥等級球員，可是來到了 NBA，互相看彼此不順眼都來不及了，要如何建立球隊信賴感，進而增加團隊默契，就靠每個人的造化與行徑了。

　　其實在 NBA 當中，光是得到隊友信賴，那還遠遠不夠，

最重要的信賴感應該來自教練團，甚至是總教練一人身上，那才能讓你有機會好好發揮，可是要得到總教練的信賴難如登天，就算你是一級大學名校畢業的好手，還是歐洲國家轉來的當家球星，假如你不如總教練預期的好用，放在板凳冰到凍僵都有可能，林書豪就是最好的例子。

雖頂著哈佛大學畢業，且在校隊交出輝煌成績的頭銜，可惜到了 NBA 全都沒用，因為林書豪在選秀會上未受青睞，雖然上一季勇士總教練司馬特很清楚林書豪認真練球的態度相當可取，可是拿他跟柯瑞（Stephen Curry）、艾里斯（Monta Ellis）兩名勇士當家後衛相比，林書豪當然得不到任何一絲信賴，只能淪落為板凳中的板凳。本季熱身賽在火箭也一樣，甚至季初的尼克總教練狄安東尼的態度也是如此。

要不是尼克怎麼換先發控衛都打不出好成績，要不是明星前鋒安東尼願意破格推薦林書豪，恐怕林書豪本季的命運仍跟上季在勇士一樣。不過就像林書豪自己所說的，上帝始終都在眷顧著他，一切的磨難都是為了給他最棒的表現機會與舞台，結果跟籃網的一戰，讓林書豪總算獲得狄安東尼的信賴，正式跟全世界展現林來瘋的魅力。

得到狄安東尼信賴之後，接著林書豪又用自我能力，逐漸收服每個隊友，就連史陶德邁爾與安東尼兩大球星，也都願意配合林書豪的節奏打球，這也算是林來瘋的效應。有了大家的信賴，林書豪自然有辦法幫助尼克打出團隊默契，也讓狄安東尼越來越依賴他，留在場上的時間也越來越久。畢竟現在的尼克，幾乎等於有了林書豪在場上，才算有真正的團隊默契。

謙遜的個人特質

為何說談吐或口才，也是增加團隊默契的一種方式呢？其實答案並不困難，因為這跟 NBA 長年生態有關，不懂得謙虛，甚至說話囂張的球星不在少數，可是這些人往往很快被人淡忘，甚至遭人唾棄，只有懂得謙遜應對，贏球不敢居功，輸球願意扛下責任的球星，才會得到隊友的真正幫助，場場打出有團隊默契的好球。

這就是為何林來瘋可讓全世界為之瘋狂的主因之一，林書豪每次受訪，他那充滿羞澀的表情，回答總是謙虛低調，也從不敢單獨居功，不是把功勞歸給他信奉的上帝，就是表現突破的隊友，他的這種謙遜談吐，只是讓他不斷加分，繼續增加更多林來瘋的支持者而已，可是這就是林書豪，一直以來他都沒有改變過，就算現在當紅也是一樣。

還記得遭遇黃蜂吞下自己先發後的首敗，林書豪的反應嗎？他直接把敗仗責任扛了下來，他不先怪罪任何一個隊

友，也沒怪教練團的戰術，只想先檢討自己為何出現這麼多的失誤；甚至上電台接受專訪，他也把今日的成就，歸功於當初安東尼願意跟狄安東尼推薦自己，似乎林來瘋的一切，以及尼克最近的優異戰績，都跟他沒有關係一樣。

　　早就坦承自己不習慣在鏡頭面前曝光，篤信基督教的林書豪，大部分都把自己的一切歸給上帝所賜，這種難得的謙遜態度，也讓他格外受到球迷喜愛，隊友也更願意去信任或配合他，這種心態到了球場上面，就可以轉變成為團隊默契，尼克的戰績繼續上揚，林書豪絕對該記頭功，尤

其是他的談吐方面。

未來的挑戰

　　有了實力、拚勁、信賴與談吐，NBA 的殘酷現實面，也即將開始考驗著林書豪為尼克帶來的團隊默契，先前小牛隊老闆庫班曾說過，假如林書豪今天待在夏洛特山貓隊，就算他打的再好，可能也沒辦法創造林來瘋的風潮，理由很簡單，因為他在全世界最大城市紐約，他的這一切才可能成真。

林書豪進球之後的怒吼，
也是他凝聚士氣的一種方式。

● 林書豪在籃網一戰後贏得
　狄安東尼的信賴，
　也贏得成為先發球員的機會。

　　不過紐約的媒體或球迷，向來都以現實聞名，他們如今發現林書豪身上擁有太多可以炒作或崇拜的因素或故事，就會願意拚命捧紅林書豪；可是等到林書豪一旦表現欠佳，或是不小心受了傷無法上場，紐約媒體與球迷的翻臉速度也很驚人。媒體不是開始說風涼話，就是狂批林書豪不行了，球迷也會在主場內大聲批評，甚至謾罵，這些在紐約這顆大蘋果早就屢見不鮮了。

　　這並非在唱衰林書豪，只是無論任何一個球星或是傳奇，都要面對自己狀況好壞或高低潮的不同處境。林書豪如今還處高峰，甚至很有希望憑藉這股氣勢，帶領尼克闖進季後賽，可是如何準備面對自己隨時可能出現的低潮或受傷，林書豪絕對要先做好心理準備，不過身為虔誠基督徒的林書豪，相信就算面臨任何殘酷現實，都還有上帝給他的最佳慰藉。

　　從高中開始嶄露頭角以來，林書豪早就面對過不少種族歧視的言語攻擊或無禮對待，可是這跟 NBA 的殘酷程度相比，恐怕是小巫見大巫。可是假如他可以突破這一難關，林書豪距離成為真正的 NBA 傳奇球星，也就越來越有希望。台灣小孩的草根性與強大韌性，或許可在他的身上徹底展現，相信沒有任何困難，可以擊倒我們的林來瘋！

林書豪受訪時表現出的謙遜，
贏得媒體一致好評。

Linpressed Taiwan

隨行記者側寫
林書豪訪台記事

文／黃及人

林書豪 2011 年 8 月訪台行程：

8/4 林書豪記者會（台北 NIKE 公司）

8/5 公益活動（彰化新水國小）

8/6 NIKE 菁英控衛訓練營（台北新光三越 A13）

8/7 NIKE 夏季聯盟總決賽（台北新光三越 A13）

8/9~10 國泰夢想小勇士林書豪訓練營國小組（新北市南山高中）

8/11~12 國泰夢想小勇士林書豪訓練營國中組（新北市南山高中）

8/13 董氏基金會演講（實踐大學體育館）；林書豪生命分享會（台北市立體育館）

2010 年的姚基金慈善之旅，以及 2011 年 8 月份返鄉之旅，都是「豪小子」林書豪尚未成名前，來台表演與回饋的相關活動，也讓我有機會可以貼近這名哈佛大學畢業，卻「發瘋」想打 NBA 的台裔球員，不過林書豪給我的第一印象，就是：「這小子為何可以這麼謙虛？」

儘管「林來瘋」從 2012 年 2 月才開始延燒，不過頂著台灣首位挑戰 NBA 成功球員的光環，2011 年林書豪的返鄉之旅，確實引發不小追星風潮，大家都在問，到底他怎麼做到的？到底如何練到這麼好的身手？到底他怎麼調適在美生活？無論問他任何問題，林書豪的回答態度始終不變，謙虛、低調與信奉上帝的虔誠。

剛打完自己在 NBA 的處女球季，雖然未獲金州勇士隊重用，可是他在 NBA 場上的每個動作、每次得分、每次抄截、每個火鍋，仍是國人的關注焦點。相隔十幾年再次回到台灣，林書豪看來對他所面對的一切充滿好奇，也對自己在台灣如此受到矚目感到不可思議。

第一次面對面訪問林書豪，雖然他的父母林繼明、吳信信在旁，他仍覺得有點緊張，不過他依然很親切地跟每個媒體記者打招呼，並一一握手致意，這是過去任何一個 NBA 球星來台，所從未讓我看過的場景。林書豪當時雖未真正闖出名號，卻可以如此放低姿態，第一眼就讓我留下極佳的印象。

甚至他還很客氣地跟大家先說好，無論要用中文或英文訪問他都可以，只不過前提是用中文問的話，一定要講慢一點，因為他很擔心自己聽不懂，無法好好回答記者的提問；就算用中、英文夾雜的方式提問，同樣也難不倒他，只是他有點疑惑該怎麼用中文回答的表情，令人不禁發出莞爾一笑。

也許不少國人不知道，一向都在公開場合用英文回答問題的林書豪，其實中文聽講能力並不太差，甚至還可以講得不錯。當時他也半開玩笑回答，要不是媽媽不放心他用中文回答，且嫌他中文講太差，他也很樂意跟記者用中文對談，讓一旁的吳信信連忙否認沒這回事。

可是面對林書豪，給我真正的衝擊是他的言行舉止，溫文儒雅這四個字，或許還不足形容他的說話方式，更難得的是，只要你一提問，林書豪絕對會用眼神緊盯著你，似乎擔心自己無法清楚解釋你的疑惑。他的眼神電力，讓在場的女性同業都大喊受不了。

而且林書豪每次回答，每個字句都會講的有條有理，且刻意放慢速度，讓聽他說話的人感到很輕鬆自在，就像他常掛在嘴邊的，如果有一天他不繼續打球，就會去當牧師或社工。他真的天生就具備那種氣質與談吐，讓你在他每

次一講話，都想聚精會神好好聽完。

　　或許這就是林書豪的球星氣質，就算當時尚未發光發熱，卻掩蓋不住他的魅力與價值。可是他也有孩子氣的一面，在訪問期間不只一次強調自己隨身帶著 iPad，理由很簡單，因為他無時無刻都想打電玩，發洩一下自己多餘的精力，PS3 更等於他的精神食糧。

　　可是連林書豪自己可能也沒想到，有一天 PS3 的 NBA 電玩遊戲，會刻意為了他本季爆發的好表現，兩度更改他的電玩個人數據。不過他當時也透露，只要回家一有空，就是跟哥哥林書雅、弟弟林書偉打電動，還被媽媽唸他是「大

個子的小孩」，根本無法真正長大，但他還是熱衷於電玩當中。

　　林書豪孩子氣的一面，也完全展露在他跟小孩子相處的時刻。無論是去彰化老家附近教導伊甸基金會弱勢學童打球，或是在新北市南山高中舉辦籃球訓練營，林書豪明顯地馬上就能融入孩童當中，一副大哥哥的模樣，讓小孩子很快就能跟他親近，這也算是林來瘋的另類魔力。

　　從離台前與籃訓營學童的座談會當中，更能清楚看出他的個性，面對小朋友百無禁忌的問題，包含林書豪喜歡什麼樣的女生、林書豪最喜歡吃什麼台灣食物、林書豪為何

106

可以這麼強、林書豪有沒有被雙親打過、林書豪最喜歡哪個學童等犀利問題，林書豪都一一接招，雖然招牌的羞澀表情不斷出現，可是他卻充分配合大家的問題，不管怎麼犀利都照樣回答。

從林書豪的每個回答當中不難發現，就算面對小孩子，他還是維持謙虛低調，從不認為自己跟大家有什麼不同，也不吝於跟大家分享信奉上帝帶給他的助益；可是他的另一個堅持，也在此時展現，那就是無論做什麼，都要認真面對的人生態度。

到底林書豪有多認真？從他訪台之後，無論每一天有多忙碌，活動行程有多緊湊，都要找出時間自我訓練就可看出，當時他還帶著弟弟與體能訓練師來台，雖然膝蓋傷勢尚未痊癒，可是他依舊要求自己每天投籃與做體能的固定習慣，讓人清楚看出他今日的好身手，到底是怎麼來的！

曾看過林書豪練習的人就知道，每次他在練球，用苦練來形容還算客氣。揮汗如雨的模樣，簡直感覺像是他在賣命一樣，每次投籃出手也很堅持做到最好，畢竟他在平時的每個練球動作，都是他未來在場上展現各式各樣不可思議動作的基礎，才有可能出現今日的林來瘋。

除了一次又一次跟學童強調認真苦練的重要性，林書豪也會親自下場示範，千萬別以為他只是動口不動手，那你就大錯特錯了，他不只是親自示範每個練球動作，也會仔細觀察每個學員的動作，然後自己親自再做一次，直到小朋友明白他的意思為止，就算趴在地上也無妨。

還記得那時候有個小朋友說了一句話，「林哥哥不是NBA球員嗎？而且他不是說膝蓋有傷，怎麼還幫我們示範成這樣？」後來我把這段話告訴林繼明，他笑著回答，「沒辦法呀！這就是林書豪的個性，什麼事情都要認真去做，你沒看到他連自己弟弟都抓來當示範品了嗎？」

身為哥哥的示範品，同樣也在美國普林斯頓學院打球的林書偉，看起來也早習慣哥哥的這種認真態度與做法。每次只要林書偉看起來有點偷懶，林書豪可是連弟弟都唸的，甚至還要求自己專屬的體能訓練師也下場示範，林書豪的認真程度可見一斑。

就連擔任籃訓營的灌籃大賽評審，林書豪也一樣抱持認真態度，儘管在比賽期間，不少高中球員因為看到心中偶像在場，表現大失水準，就連最基本的灌籃都做不好，可是林書豪也很大方接受球員邀請，自己雖無法灌籃，卻上場擔任傳球與做球灌籃的嘉賓，更一直傳到球員扣進為止，當時這名最幸運的球員是台灣藝大一年級菜鳥邱金龍。

就連要挑選籃訓營最有價值球員，林書豪也都挑他認為最拚命、最認真的那位，光是這點，林書豪的態度更是難

陳怡誠攝／中國時報資料照片

得少見，因為這代表他在每天忙碌的行程或訓練當中，都還是可以仔細觀察每個學員的態度好壞或積極與否，認真這兩個字，林書豪大概已經徹底發揚光大了。

在這裡也不得不分享一件林書豪當時來台的趣事，因為當時網路正在流行所謂的「仆街」，林書豪也不例外，他除了先在美國友人的遊艇上，表演了一個高難度的仆街動作；這次來台更是很有創意的，選在 NIKE 旗艦店的結帳櫃檯上仆街，當照片開始流傳，不知道讓多少人看傻了眼。

其實私底下的林書豪很愛搞笑或作怪，可惜這恐怕是他的家人與朋友才有的觀賞特權，因為大部分在公開場合出現時，林書豪幾乎都保持正經八百的模樣或表情，只有被同學逼問到不知道該怎麼回答之際，他才會用一些耍寶動

作或表情回應。這就跟現在他在 NBA 球場上，每次投進關鍵外線後的搞怪表情，有著異曲同工的感覺。

可是這樣的林書豪也有「弱點」，因為他也坦承，當時來台嘗試不少台灣美食，包含炒飯、小籠包、水煎包、水餃、蚵仔煎等等，不過他唯一不敢輕易放入口中的卻是不少台灣人最愛的臭豆腐，畢竟臭豆腐的臭度，對於吃慣美式速食的他，恐怕是很難接受的味道。

林書豪與家人的互動親密程度，也在他愛吃什麼上面展現，因為林書豪也趁機說了自己其實很愛吃，也很會吃，但是最愛的食物還是自己母親做的炒飯，讓一旁的吳信信都感到不好意思，他也會取笑弟弟林書偉的怪習慣，因為林書偉竟然把飯店枕頭隨身攜帶，理由是他會認床。

每次有能夠近距離接觸林書豪的機會，都可以讓我感受到他身為基督教徒的溫和、謙遜、真誠的態度，也許這就是林書豪至今可在 NBA 發光發熱的主因，他如同灰姑娘般的奮鬥故事，同樣也會繼續激勵更多國人，當然他的每一場 NBA 比賽，更會繼續成為每個台灣人的注目焦點。

林弘斌攝／中國時報資料照片

球星
林 書 豪

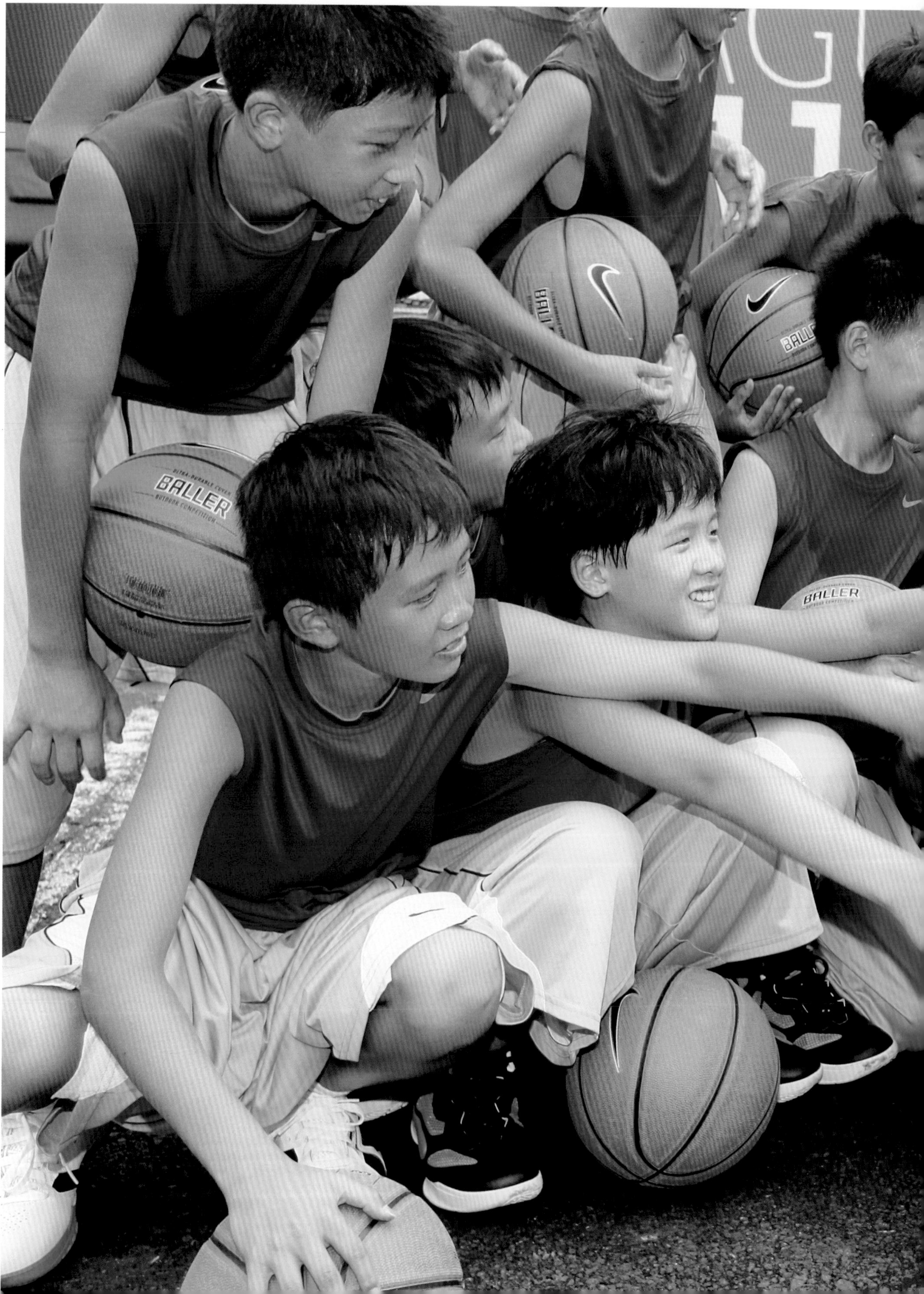
BALLER
BALLER
BALLER

陳卓邦攝／中國時報資料照片

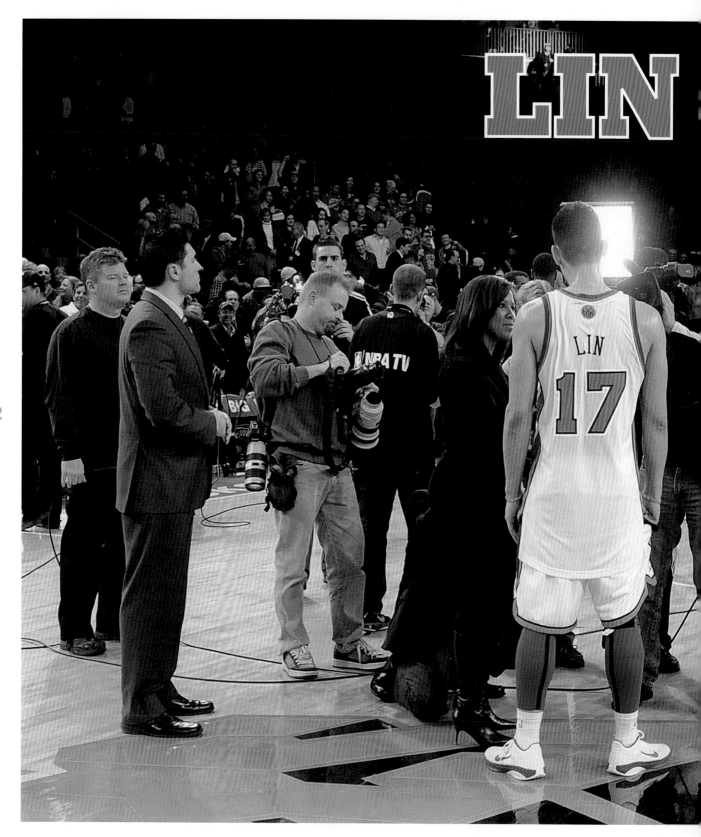

=Legend
In
New York

紐約現場直擊：
從無名小子
到全明星賽最耀眼的一顆星

文／龔邦華

114

　　那一天，是林書豪加盟尼克隊回到紐約主場的第一個比賽。我到休息室去找他，等了很久，他都沒有出現。後來他終於走進來，看到我們時，他說：「我要先去教堂禱告，然後會回來接受你們的訪問。」可是沒多久比賽就開始了，我只好回到記者席，希望林書豪有機會上場。結果那場比賽因為比數接近，大家便心知肚明了：在這種比數接近的關鍵時刻，林書豪不會有上場的機會。帶著失望，在賽後訪問的時間，我又再度到休息室找他。等了一會兒，他才出現。滿身大汗。不是沒出場嗎？是去做了什麼呢？原來他去做了體能訓練，主要是跑步。他說，雖然沒有太多上場的機會，但是球團要他做的菜單，他都還是要一一地去把他做好。

　　當板凳球員的痛苦，沒有經歷過的人很難了解。隨時要做上場的準備，而在那短短的時間裡，又必須要有所表現。對身心來說，都是一種煎熬。

　　那天去看球的亞裔並不少，因為紐約畢竟是亞裔居住最密集的都市之一。但是訪問球迷一圈下來，沒有一位認為林書豪會在尼克隊安定下來。一位球迷說，雖然我非常希望看到他能多表現，但是他是個備胎，當受傷的主將回來，他就沒有地方去了。而同業之間也是這樣的看法。不過，林書豪在面對我的問題時，那種自我批判的誠實以及正面

思考，讓我印象深刻。他說：「我知道現在還是在過渡期，我才加入尼克隊，還沒有熟悉他們的戰術，但是我越來越了解了。我覺得這個教練的體系很適合我。」

　　說完這些話沒多久，他又被放到發展聯盟去磨練。尼克隊繼續苦戰，林書豪繼續他在美國職籃的載沉載浮之旅。然後沒想到就在他快要被球隊放棄的時候，機會終於來了。

　　2 月 4 日的那天，在無兵可用的迫切之需下，狄安東尼啟用了板凳後衛林書豪。林書豪一舉爆發，拿下亮眼的 25 分。不僅如此，他控球的方式，正是狄安東尼最知名的進攻戰法。原本缺乏生氣的紐約尼克隊，彷彿活了過來。林書豪臨危授命帶領著幾乎是二軍組成的球隊，居然打敗了籃網隊。

　　那一天，是林來瘋的起點，一個傳奇故事也因此誕生。

　　一開始，外界雖然讚譽有加，但是也語帶懷疑，不知道他會不會是所謂的曇花一現。所以是半帶著興奮，半帶訝異地看著這個不知從哪兒竄起來的豪小子。但是在亞裔社會，他的一戰成名讓長久等待他開花的亞裔激動莫名。這一場比賽，在亞裔美國人中遍傳開來。等尼克隊決定在下一場對爵士隊的比賽用林書豪當先發後衛時，大多數的亞裔球迷都覺得，屬於林的時間終於到了。或者說，是他們自己投射出的──揚眉吐氣的時間到了。林書豪若在 NBA

以控球後衛的位置先發，是帶領亞裔到一個他們沒有去過的地方。

而第一次以先發身分上場，林書豪完全沒有令人失望。他似乎是天生的領導者，指揮若定，傳球既快且準，他擋切上籃的技巧讓人想起奈許。在他的穿針引線下，尼克隊又再度贏球，他讓人開始覺得，這小子，可能是真的。

兩場讓人印象深刻的比賽，讓最具權威的《紐約時報》以頭版來介紹這個多數人不知道的豪小子。林來瘋的故事，開始一路延燒，美國大小媒體都開始爭相報導。這是亞裔美國人，尤其是亞裔男性最驕傲的一刻。不是在美國長大的男性，不會了解在成長過程中必須面對的各種歧視。在所有的少數民族中，對亞裔男子的刻板印象可能是最牢固不可破的一種。因為亞裔在體格、體能以及外觀上，是離美國標準最遠的一群。他們老是被認為身材矮小，沒有運動細胞。另外相貌尋常，往往是帶副眼鏡，像個書呆子，也因此容易成為被取笑的對象。就算在讀書就業上有所成就，通常被認為他們只會唸書，其他什麼都不會。所以當林書豪在場上的那種豪氣干雲讓人大開眼界之後，亞裔的興奮，亞裔的驕傲，亞裔的激動，這些混合起來的情緒，有如火山爆發，一發不可收拾。

有一位網友寫得最好，進入哈佛大學唸書的亞裔不知凡

幾，但進入 NBA 打後衛的卻是前無來者。這兩項加起來，把亞裔男性推到一個沒有人去過的頂點。之前的人不管是誰，李小龍或是成龍，姚明還是張德培都沒做到的，林書豪做到了。為什麼呢，因為他靠的不是傳統武術或娛樂搞笑，也不是靠一個人的單獨成就。他是一領導者，必須帶領一整個球隊，他在場上是一個總司令，面對比他高薪、比他有名氣的隊友，他一點也不怯場，並且慣於發號司令。這種一個亞裔小兵指揮大球星的畫面之前從沒有出現過，就像一位大陸球迷所說的，這連姚明也辦不到。所以對亞裔來說，不管林書豪接下來能在美國職籃闖蕩多久，這個突破，已是意義非凡。

外界如果對林書豪還有任何懷疑，那就是之前所碰上的隊伍，不算是真正的強隊。所以對湖人這一場比賽，成了非常關鍵的一役。豪小子傳奇是不是一個能夠經得起考驗的真實故事，端看林書豪如何迎戰小飛俠布萊恩。在這個時間點，已經不只是紐約，而是美國運動界最聚焦的話題。林來瘋能不能繼續狂吹下去，端看林書豪能不能證明，他，是真的。真的到可以把布萊恩比下去的地步。

結果呢，結果大家都看到了。林書豪打出生涯代表作。那一場球賽，我在記者席上，雖然距離遙遠，但卻感受到一股強烈的電流。不分男女、不分老少、不分種族、不分

豪小子傳奇是不是能夠經得起考驗，
端看林書豪如何迎戰小飛俠布萊恩。

120

國籍，全場為一個小夥子如癡如狂。這一戰，是林書豪在美國職業男籃的驗明正身。也就是說，沒有人會再去懷疑他是不是真的問題。這一戰，林書豪超越了亞裔，以一個與美國人無異，甚至更好之姿，打破所有對他的成見。不只如此，最重要的是，這一戰，林書豪替所有曾經在成長過程中不被看好的，老是被打壓的人，出了一口氣。也就是說，林來瘋正式超越種族，超越國籍，成為一個可以激發人性正面進取的力量，成為一個近年來最精彩的仙履奇緣，一個任誰都會受到感動的真實故事。

當大家沉迷於林來瘋，深怕這個正在上演的超級連勝劇會被打斷的時候，豪小子卻一次一次地用不同方式帶給大家驚喜。接下來有兩次比賽連續在最後關頭演出逆轉勝。尤其是情人節那天，他在最後 0.5 秒的那顆三分球，把林來瘋推到高峰。這下子，不只是美國以及與他有血緣之親的兩岸，而是所有熱愛籃球、熱愛運動，以及熱愛小兵立大功故事的人，都為之臣服。

到這一刻，林書豪終於可以真正地、大方地、開心地去擁抱，他是個亞裔的英雄。

不要誤會，林書豪一直以他的背景為傲。但是在他成名以前，他並不希望別人老是在這一點上做文章。因為黃皮膚這一點，在職業運動這一行，是他的負擔。我記得第一次採訪林書豪，是他還在哈佛打球的時候。那時他因為表現出色，就有媒體預測他很有可能可以打入美國職業男籃。那一場球賽他表現如何，我不太記得。最令我印象深刻是他樸實的作風，因為當我問他很多亞裔把他看作偶像這一點時，他很坦白地說：「我從來沒有把這個當作我的人生目標。但是如果他們這樣地看我，我可以了解，也會覺得榮幸。」

在當時，我不認為林書豪這麼積極去擁抱當一個亞裔楷模的角色。因為他一直以來受到太多的歧視以及貶低了。他常常必須要面對各種在種族上的偏見甚至口出惡言，有人叫他餛飩湯，或是你這個黃種人在這兒幹嘛等等。他說他已經習慣了，他希望別人看到的是他的球技，可是大多數的人先看到的卻是他的膚色，所以在選秀時他一次次地被跳過去，沒有太多人注意他的成績。業界大多都被一個既定的看法所束縛，就是一個亞裔，再加上哈佛的背景，不太有可能在美國職籃生存。他的種族，他的學歷都對他不利。所以他反而不希望外界去強調這些。另外一個讓我驚訝的，是他的信仰。那時他還是學生，但是他對自己在這個社會上的使命看得很清楚。他說要是不能打進籃球界，或許就去做牧師。也就是說，他內心有一股非常安定與堅強的力量。不管發生什麼事，他可以從信仰中找到平靜與安寧。所以與其說我佩服他的打球能力，不如說我佩服這

122

個人。一個才不過 20 出頭的小夥子，就對自己的人生有清楚的認識。

今天要不是這樣一個人，林來瘋會不會這麼瘋？我沒有答案。但是我認為，正因為他是一個這樣的人，林來瘋才可能是這麼瘋。因為大家看到的，不只是一個亞裔，而是一個謙虛有禮，教養良好的人。這樣的故事發生在這樣的人身上，它才有動人的力量。

每次贏了球，他總是要提隊友的幫助，輸了球，他把責任全部攬在身上。挑戰連 8 勝失敗的那一場，讓我見到豪小子最酷的一面。因為他贏球時就像個開心的大男孩，但是輸球的時候他像個成熟的大男人。他那一句簡單扼要、一點也不囉唆的話，令人折服，「以前 7 勝你們認為那是我的功勞，那麼這一敗理當算在我頭上，我沒話說。」那種願意負責的氣魄，不輸給他在場上時的叱吒風雲。他那個嚴肅，帶著對自己不滿，帶著自責，帶著失望的臉，看起來比贏球時稚氣未脫的笑容要更有魅力。

觀察一個運動員，不是看他怎麼贏球，而是看他怎麼輸球，然後看他如何地反敗為勝。

想必那一敗是非常難以吞嚥的，因為他失誤太多。但是他沒有因此而退縮，這不是一般人可以做到。而這一點，顯現了林書豪異於常人的地方，就是他的心理素質

非常強。

他有一種打不倒的堅定意志，所以當我看到他苦嚐第一敗後，在自己的推特上寫下，「我會從失敗中學習，星期天見（下一場比賽）」的豪語之後。我知道這豪小子，真的是有夠豪。

而星期天的那場比賽，碰到的可不是支簡單的球隊，而是去年的冠軍小牛隊。沒有在怕的豪小子，用行動證明自己的話，帶領球隊贏得勝利。這種能夠在跌倒之後的爬起，更加讓他贏得尊敬。小牛隊防守林書豪的馬里

昂觀察到林書豪最不同的地方，他說，林書豪不在乎失誤這是很少見的。他所說的不在乎，並不是說林書豪不在意犯錯，而是他不怕犯錯。也就是說，他不會受到犯錯的影響，這是最難的地方。馬里昂進一步解釋說，林在場上即使失手，他過了就過了，然後進行下一個戰術，並且依舊勇猛。

林書豪有一個很大的優點，他是一個會讓自己、讓隊友，甚至是讓敵人更好的人。因為他的拼勁以及不要命的打法，讓所有在他身邊的人都感染到，他帶給四周的

人正面的活力，他激起了敵人旺盛的鬥志，他把籃球賽變得好看了。他也讓大家記起來，為什麼我們對運動賽事這樣著迷的原因。所以林來瘋不只是一個籃球界的奇蹟，他已經代表一種力量，一個精神。這種力量與精神沒有界線，任何人都可以找到認同的地方。

也正因為如此，林書豪只不過以先發身分打了 11 場比賽，就被破例獲邀參加全明星賽的新秀對抗賽。這是個在輿論壓力下所作成的決定，也使明星賽在最後一刻成了林來瘋的一部分。雖然在前一晚，林書豪與熱火隊

124

的比賽，完全打不出來，但是卻沒有減損他的明星地位。他已經得到一個很大的榮耀，就是像熱火這樣的強勁隊伍，使出全力去包夾他。這場比賽讓林書豪知道，他接下來的路會越走越艱難，他成了大家要去力守的對象，這是對一位後衛最高的尊敬。

帶著這個最大的震撼教育，林書豪來到了奧蘭多。而明星賽的第一天，完全在豪小子旋風下揭開序幕。沒有一位明星球員，不管是詹姆斯大帝（Lebron James）、還是小飛俠布萊恩的星光，能比林書豪要來得閃亮。大批前來採訪的媒體，與兩岸的媒體一樣，一起林來瘋。縱使有些球星心裡不是滋味，但是他們不得不承認，這是一個好的故事，是 NBA 籃壇有史以來最大的驚奇之一。所以雖然覺得全明星賽的新秀對抗有些失焦，林書豪的表現也不如預期，但是林來瘋卻沒有要沉寂的跡象。在所有參加明星對抗的球員接受媒體採訪的場合，很多大球星都免不了被問到林書豪。也因為主辦單位知道太多記者想訪問林書豪，大會特別為他一個人召開記者會，這是其他球員不管多大牌都沒有的待遇。林書豪已經不只是一個運動員，他代表一個文化的現象。

林書豪在記者會上針對所有以前加諸在他身上的歧視，說了一句非常重要的話。就是以前的他，非常在意別人說他什麼。現在的他，已經不在乎了。然後他加上註解說，除了我的教練以及隊友以外。

豪小子真的已不需要再去證明什麼。林書豪三個字，已經是一個超級品牌。他現在最關心的是如何保有自我。NBA 是個巨大的商業機器，置身其間的林書豪，怎麼會感受不到？他說他在短時間內學到最多的，就是去了解這個龐大的產業，以及伴隨而來的媒體。我問他面對這麼多代言，他要怎麼去選擇？他說：「這當然很重要，我不會當一個不是我的人，我會依符不符合我的人生觀來做抉擇。」然後他進一步解釋說，任何代言或活動必須符合他的個性、成長環境以及價值觀。

還沒有開始真正賺大錢，但是豪小子已經看出來他成名所伴隨來的資源以及商機無限。就像他自己形容的，好像被拖著往 100 個不同的地方走。所以才不過 3 個禮拜的時間，他好像長大了好多歲。他已經覺得必須要告訴外界，他希望 10 年以後的自己還是一樣的他。他覺得有必要強調，就是「不要讓我做我不想做的事」。

這就是林書豪，不管在場上多麼地豪氣干雲，多麼地霸氣十足，他最想要做的，就是做自己。這個故事最偉大的地方，也是它最平凡的地方。因為，這是一個豪小子，堅持做自己的故事。

Be My VaLINtines

大家都愛林書豪

球場上星光熠熠
球迷造字林來瘋

球場上星光熠熠

　　在林書豪於 2 月 4 日對新澤西籃網隊一役，臨危受命登場之前，紐約尼克隊的戰績慘不忍睹，只取得 8 勝，另吞下 15 場敗仗。不少紐約球迷本來就已對 NBA 勞（球員）資（球隊老闆）對立感到厭煩，所以對尼克隊本季前途，也已經不抱期待。

　　可是，在林書豪掀起一股「林來瘋」旋風，拉起一波 7 連勝的過程當中，逐漸感受到熱烈氣氛的紐約尼克球迷，開始踴躍進場，知名球迷如前副總統高爾（Al Gore）、披頭四的保羅・麥卡尼（Paul McCartney）、好萊塢影星琥碧戈柏（Whoopi Goldberg）、凱文・科斯納（Kevin Costner）、凱蘭・魯茲（Kellan Lutz）、班・史提勒（Ben Stiller）、克莉絲汀・泰勒（Christine Taylor）、伊娃・朗格莉亞（Eva Longoria）、導演史派克・李、伍迪・艾倫、臉書創辦人馬克札克伯格（Mark Zuckerberg）、拳王泰森（Mike Tyson）、《周六夜現場》的賽斯・邁爾（Seth Meyer）等人，都進場觀看林書豪和尼克隊的比賽。歌壇天后碧昂絲（Beyonce Knowles）產後首度現身球場即是偕夫婿嘻哈天王 Jay-Z 為紐約尼克隊加油。琥碧・戈柏甚至穿上林書豪的 17 號球衣，參加節目錄影。

好萊塢影星班・史提勒與克莉絲汀・泰勒。
Splash / CFP

林書豪的超級粉絲，導演史派克・李正和拳王泰森打招呼
Getty Images / CFF

前披頭四成員保羅・麥卡尼。
CFP

知名導演伍迪·艾倫。
Splash / CFP

臉書創辦人馬克·札克伯格。
Getty Images / CFP

凱文·科斯納夫婦。
Getty Images / CFP

歌壇天后碧昂絲與其夫婿嘻哈天王 Jay-Z。
Splash / CFP

129

球迷造字林來瘋

　　林書豪的一躍成名不但喚起了全球另一股籃球熱，而他的姓氏 LIN 三個字母，也形成了一股有趣的造字風潮。為什麼這位 Jeremy Lin 在紐約尼克隊造成的驚奇旋風之下，會引發美國一連串的造字風？可能，林氏旋風所代表的不只是一個原本默默無聞球員的突然竄起，他本身的學歷、經歷，甚至家庭文化背景，還有他的球風與面對勝負的態度，折服了紐約甚至是全世界的球迷。也可能是，林書豪的姓氏拼法（LIN）非常適合與 in、im 開頭，或者是有 in、en 的單字做搭配，所以激發了球迷、媒體的無限想像，開創了一股「林」造字風熱潮。

　　而在球賽現場，球迷們也經常用 LIN 來大作文章，創造出許多林氏標語。像是 Be My VaLINtines、Jeremy M DarLIN、Everyday I'M ShuffLIN、All I Do is LIN LIN LIN……。

Lintini ＝ Lin + Martini（林丁尼，曼哈頓知名運動酒吧特別推出的林書豪款特調馬丁尼）

「林丁尼」的作法：以龐貝海藍寶石琴酒為基酒，加入藍色庫拉索酒來增色調味，再以氣泡水來增添律動，最後再加上綠橄欖和橙子片，調製過程必須兩度冰鎮，喝起來的口感微甜中帶有輕鬆，但又不減冷靜沉穩的順口滋味，就像是林書豪給球迷的感覺一樣。

常見「林文字」大集合：

Lin + Insanity（瘋狂）＝ Linsanity（林來瘋）

Lin + incredible（神奇、不可置信）＝ Lincredible（林神奇、無所不能）

Lin + impossible（不可能）＝ Linpossible（林全能、無限可能）

Lin + international（國際的）＝ Linternational（林〔零〕國界）

Lin + infinity（無限）＝ Linfinity（林無限）

Lin + ninja（忍者）＝ Linja（林忍者、林大俠）

Lin + Cinderella（仙杜瑞拉、灰姑娘）＝ Linderella（林灰姑郎）

Lin + impressed（印象深刻）＝ Linpressed（林令人印象深刻）

Lin + Sensation（轟動、精彩）＝ Linsation（林轟動、林精彩）

Lin + Inspired（激勵）＝ Linspired（林激勵）

Lin + Inception（初始，同時也是電影《全面啟動》的片名）＝ Linception（林氏時代全面啟動）

Lin + Winning streak ＝ Linning streak（林連勝）

Lin + Super Nintendo= Super Lintendo （超級林天堂）

LIN ＝ Legend in New York（紐約的傳奇）

edible

籃壇無法忽視的神奇小子

籃壇前輩談林書豪

2012年2月林書豪成績一覽表

達志影像

籃壇前輩談林書豪

★紐約尼克隊總教練狄安東尼:「這是一生一次的事,不知道該如何形容撿到這塊寶的運氣。」「他讓我們成為一支更好的球隊。」「他就是我們一直尋找中的控衛,能讓大家回到自己最適合的角色。」

★洛杉磯湖人隊「小飛俠」科比‧布萊恩:「這是個很讚的故事,證明努力加上毅力就等於成功。這對所有的年輕人來說,都會是個榜樣。」

★前休士頓火箭隊球星姚明:「不可思議!」「他的前途不可限量。」

★前奧蘭多魔術隊球星「俠客」‧歐尼爾:「林書豪的灰姑郎(Linderella)故事絕對是今年的年度傳奇,他實在表現得太『林』彩(linsational)、太『林』神奇(lincredible)了!我對他所作的一切,『林』象太深刻(linpressed)!林!林!林!」

★紐約尼克隊傷癒歸隊的主將「甜瓜」安東尼:「連我兒子都要我向他(林書豪)問好。」

「甜瓜」安東尼
Getty Images / CFP

137

★小牛隊大前鋒諾威茲基:「他打球很聰明,比你想像中厲害很多,他的前途不可限量。」

★據傳知名導演、尼克隊球迷史派克‧李曾和拍板決定釋出林書豪的金州勇士總教練馬克‧傑克森(Mark Jackson)說:「感謝你送給紐約這個禮物。」而傑克森則表示:「(關於林書豪的事情)不要再追問我了,我連他一次上籃都沒有看過。」(編按:傑克森決定釋出林之前,並未仔細觀看林的表現,故遭媒體追問其釋出決定)。

★前休士頓火箭隊球星「惡漢」巴克利:「我想是林書豪拯救了狄安東尼的工作!因為在這之前,他費了九牛二虎之力,卻什麼都沒辦法改變。」

★灰狼隊大前鋒勒夫(Kevin Love):「林書豪很棒,這是一個成功的故事,有努力就有收穫,當機會來了,他也抓住了。」

★亞特蘭大老鷹隊總教練賴瑞‧德魯(Larry Drew):「他是個非常有天賦的球員,是全美國的新典範。我們看了幾場他的比賽,說實話,即使是輸的那幾場比賽,其實他打的也不錯,所以他確實是個很難防的孩子。」

★前印第安那溜馬隊傳奇射手雷吉‧米勒(Reggie Miller):「林書豪的好表現,對於整個NBA來講是一件很了不起的事情。」

★鳳凰城太陽隊後衛奈許:「我看了林書豪的表現之後就會覺得現在的我真是老了,他的成功完全沒有值得質疑的必要,他就是憑藉著自己的努力和智慧創造了這一切,和擋拆戰術沒有太大的關係。」

科比・布萊恩
CFP

139

「俠客」・歐尼爾
Getty Images

日期	對手	得分	籃板	助攻	抄截	失誤	比賽結果
2/4	紐澤西籃網	25	5	7	2	1	99：92 勝
2/6	猶他爵士	28	2	8	2	8	99：88 勝
2/8	華盛頓巫師	23	4	10	1	2	107：93勝
2/10	洛杉磯湖人	38	4	7	2	6	92：85勝
2/11	明尼蘇達灰狼	20	6	8	3	6	100：98勝
2/14	多倫多暴龍	27	2	11	1	8	90：87勝
2/15	沙加緬度國王	10	5	13	0	6	100：85勝
2/17	紐奧良黃蜂	26	2	5	4	9	85：89 敗
2/19	達拉斯小牛	28	4	14	5	7	104：97勝
2/20	紐澤西籃網	21	7	9	4	3	92：100 敗
2/22	亞特蘭大老鷹	17	2	9	3	4	99：82 勝
2/23	邁阿密熱火	8	6	3	2	8	88：102敗
2/29	克里夫蘭騎士	19	5	13	1	1	120：103勝

林書豪曾在受訪時謙虛地表示：「我不是傳奇！」或許他說的沒錯，以他才在世界舞台初登場之姿，說傳奇還太早，對他也太沉重。

然而，任誰都不可否認的是，他已改寫了NBA的紀錄，他打破了亞裔高材生不會打球的成見，他以衝勁與實力被教練與隊友甚至對手認可，他用謙卑與成熟的態度面對比賽會有的起落，贏得了媒體與球迷們的嘆服。他已經代表一種力量，一個精神。這種力量與精神沒有界線，任何人都可以找到認同的地方。

他用他自己的逐夢歷程送給了全世界一個希望，而這段歷程是充滿了血汗、淚水、祈求與盼望，紮實可靠地讓人們放心。或許正因為如此，命運之神撥動了手中的絲線，把他拉到世界舞台的中心，也讓我們能見證到這個由希望與夢想所帶來的奇蹟。正如同他曾說的：「這是神給我特別的舞台，現在我試著用對的方式來面對。」

就像他所選擇17這個數字的意義——與上帝同在，我們在感謝他獻給了我們一個鼓舞人心的故事之後，也祝福他能永遠依循著他的神的指引，在未來能創造出充滿喜悅與美善的人生。

PEOPLE 368

林書豪旋風——Lincredible 17

策　　畫—時報編輯部
撰　　文—葉基、黃及人、龔邦華
主　　編—林馨琴
責任編輯—李清瑞
編輯協力—李筱婷、廖彥博
美術設計—集一堂有限公司
執行企劃—鍾岳明、林貞嫻
董事長 發行人—孫思照
總經理—莫昭平
總編輯—林馨琴
出版者—時報文化出版企業股份有限公司
　　　　10803 台北市和平西路三段二四〇號三樓
　　　　發行專線：（〇二）二三〇六六八四二
　　　　讀者服務專線：〇八〇〇二三一七〇五
　　　　　　　　　　　（〇二）二三〇四七一〇三
　　　　讀者服務傳真：（〇二）二三〇四六八五八
　　　　郵撥：一九三四四七二四時報文化出版公司
　　　　信箱：台北郵政七九～九九信箱
時報悅讀網—http://www.readingtimes.com.tw
電子郵件信箱—history@readingtimes.com.tw
法律顧問—理律法律事務所　陳長文律師、李念祖律師
印　　刷—詠豐印刷有限公司
初版一刷—二〇一二年三月九日
定　　價—新台幣三五〇元

國家圖書館出版品預行編目 (CIP) 資料

林書豪旋風——Lincredible 17 / 時報編輯部編．
-- 初版 . -- 臺北市：時報文化, 2012.03
　　面；　公分 --（People;368）
ISBN 978-957-13-5532-0(平裝)
1. 林書豪 2. 傳記 3. 職業籃球
　785.28　　　　　　　　101003157

ISBN 978-957-13-5532-0
Printed in Taiwan

e Way To Linsanity • Linmania • Who Is Jeremy Lin? • Linderella • Lin God We Trust • Linfinity • Linpossible •

npossible • Linpressed Taiwan • LIN= Legend In New York • Be My VaLINtines • Lincredible • Linception 17 •